Ullstein Sachbuch

ZUM BUCH:

»Im Gegensatz zur traditionellen Psychoanalyse macht die Reinkarnations-Therapie nicht halt bei den Kindheitserlebnissen, beim ›Geburtsschock‹ oder bei der ›pränatalen Phase‹, wenn es darum geht, die Ursachen eines Traumas aufzudecken. Sie dringt weiter vor – oder genauer gesagt ›zurück‹ – zu den unbewältigten Erfahrungen eines möglichen früheren Lebens, das in seiner Andersartigkeit, ja oft Schrecklichkeit, dem Patienten das Abenteuer einer ›Bewußtseins-Zeitreise‹ wider Willen erschwert. Denn offenbar sind physische Verletzungen, die ihm in einer früheren Existenz widerfuhren, Ursache seiner gegenwärtigen psychischen Schwierigkeiten. Aufgrund dieser Erkenntnis hat die Reinkarnations-Therapie eine Technik entwickelt, die das Unbewußte erforscht, indem sie entscheidende Phasen in längst vergangenen Leben der Patienten aufdeckt, und zwar ohne Hypnose oder Trance.
In diesem bahnbrechenden Buch über Reinkarnations-Therapie stellen zwei namhafte Psychotherapeuten anhand von Fallstudien aus langjähriger Praxis Methode und Erfolg dieser Behandlung zur Diskussion.«

Magazin 2000

ZU DEN AUTOREN:

Dr. Morris Netherton und Dr. Nancy Shiffrin sind Mitarbeiter der Neuropsychiatrischen Klinik der Universität Los Angeles.

Morris Netherton
Nancy Shiffrin

Bericht vom Leben vor dem Leben

Reinkarnations-Therapie

Ein neuer Weg in die Tiefen der Seele

Ullstein Sachbuch

Ullstein Sachbuch
Ullstein Buch Nr. 34382
im Verlag Ullstein GmbH,
Frankfurt/M – Berlin
Amerikanischer Originaltitel:
Past Lives Therapy
Übersetzt von Ursula Fischer

Ungekürzte Ausgabe

Umschlagentwurf:
Rita Nicolay
Alle Rechte vorbehalten
Lizenzausgabe mit Genehmigung des
Scherz Verlages, Bern und München
© 1978 by Morris Netherton,
Nancy Shiffrin und Jack Viertel
© 1979 der deutschen Ausgabe by
Scherz Verlag, Bern und München
Printed in Germany 1987
Druck und Verarbeitung:
Ebner Ulm
ISBN 3 548 34382 1

April 1987

CIP-Kurztitelaufnahme
der Deutschen Bibliothek

Netherton, Morris:
Bericht vom Leben vor dem Leben:
Reinkarnations-Therapie / Morris
Netherton; Nancy Shiffrin. [Übers. von
Ursula Fischer]. – Ungekürzte Ausg. –
Frankfurt/M; Berlin: Ullstein, 1987.
    (Ullstein-Buch; Nr. 34382:
    Ullstein-Sachbuch)
    Einheitssacht.: Past lives therapy ‹dt.›
    ISBN 3-548-34382-1
NE: Shiffrin, Nancy:; GT

Für meine Frau Carol Joyce, die herausfand,
daß die Sache es wert war,
während ich herausfand, daß sie realisierbar war.

Morris Netherton

Inhalt

Vorwort

Der interessierte Arzt muß jede Entwicklung auf wissenschaftlichem Gebiet verfolgen, die sein medizinisches Wissen erweitern könnte. Wenn eine neue Behandlungsmethode ständig eindrucksvolle Ergebnisse erzielt, ist es die Pflicht eines jeden Arztes, sie zur Kenntnis zu nehmen.

Ich kenne Morris Netherton seit sechs Jahren als Kollegen und als Freund. Im Laufe dieser Zeit beeindruckte mich seine Arbeit auf der Grundlage der sogenannten Reinkarnationslehre mehr und mehr. Ich freue mich daher sehr, daß Dr. Netherton sich entschlossen hat, seine therapeutischen Ergebnisse in einem Buch zusammenzufassen. Obwohl die Lehre von der Reinkarnation im Rahmen dieser Behandlungsmethode als therapeutisches Mittel eingesetzt wird, ist der Glaube des Patienten an die Wiedergeburt für den Erfolg der Behandlung nicht ausschlaggebend. Dennoch hat Dr. Netherton viel Mut und Entschlossenheit gebraucht, um seine Arbeit angesichts des fast sicheren Zynismus bestimmter Teile der Öffentlichkeit zu verfolgen. Ich bin überzeugt, daß der Lohn dafür nicht ausbleiben kann; die Vorurteilslosen werden zugeben, daß die Ergebnisse für sich selbst sprechen.

Die Reinkarnationstherapie basiert auf der Voraussetzung, daß ein – geistiges und / oder körperliches – Trauma in diesem Leben auf Ursachen in früheren Leben zurückgeführt werden kann. Im Laufe der Therapie werden die Fortwirkungen jener traumatisierenden Ereignisse »gelöscht«, so daß der einzelne lernt, im Hier und Heute zu leben. Das vorliegende Buch befaßt sich mit den psychologischen Implikationen der Reinkarnationstherapie. Als Arzt glaube ich, daß diese Methode unser Wissen um geistige und physiologische Erkrankungen bereichern kann.

Vom ärztlichen Standpunkt aus besteht der interessanteste Aspekt der Reinkarnationstherapie darin, daß sie eine Verbindung herstellt zwischen Geist und Körper. Die meisten Ärzte akzeptieren die Tatsache, daß der Geist tiefgreifend auf den Körper einwirkt – Magengeschwüre und Migräne sind allgemein bekannte Beispiele für solche psychosomatischen Erkrankungen. Weniger oft wird erkannt, daß es auch umgekehrt bei jeder physischen Krankheit eine psychologische Komponente gibt. Die medizinische Forschung beginnt jetzt, dieses Problem genauer zu untersuchen, vor allem in bezug auf Krebs, für den offensichtlich Menschen mit einer ganz bestimmten Persönlichkeitsstruktur besonders anfällig sind.

Die Reinkarnationstherapie dagegen hat gezeigt, daß die Sache auch umgekehrt laufen kann, daß also jedem psychologischen Problem eine physische Verletzung aus einem früheren Leben zuzuordnen ist. Körper und Geist stehen in einer so engen Beziehung, daß es notwendig ist, die jeweiligen Wechselwirkungen zu untersuchen.

Dr. Netherton behauptet nicht, daß die Reinkarnationstherapie medizinische Behandlung überflüssig macht. Sie kann keinen realen physischen Defekt heilen. Aber oft beobachten Ärzte, daß physisch Kranke ein psychologisches Bedürfnis haben, krank zu sein. Die Reinkarnationstherapie kann dem Patienten dann helfen zu erkennen, warum er krank sein will, und so die Grundlage zur Heilung liefern. Sie kann aber auch physischen Schmerz äußerst erfolgreich lindern, denn Schmerz ist eine subjektive Erfahrung; ein bestimmter Zustand mag dem einen Patienten viel heftiger zusetzen als einem anderen.

Die Reinkarnationstherapie zeigt nun, daß physischer

Schmerz mit traumatisierenden Erfahrungen in der Vergangenheit verbunden ist. Er kann gelindert werden, wenn sich der Patient von seinen früheren Traumata befreit; damit schwindet oft auch das Bedürfnis nach schmerzstillenden, süchtig machenden Medikamenten. Die Reinkarnationstherapie hat ebenfalls Bedeutung bei der Behandlung von Schwangerschaft, Geburt und Tod, drei wichtigen Lebensabschnitten, die gewöhnlich unter die Zuständigkeit des Arztes fallen.

Die medizinische Forschung zeigt immer deutlicher, daß das ungeborene Kind eine größere Aufnahmefähigkeit besitzt, als bisher bekannt war. Man kann nachweisen, daß der Fötus auf Licht, Töne und die Gefühle der Mutter reagiert. Dr. Nethertons Bemühen, die Menschen ihre Erfahrungen vor und während der Geburt in Gedanken noch einmal erleben zu lassen, unterstützt und erweitert diese Forschung mit bemerkenswerten Erinnerungen an die eigene pränatale Zeit und die Stunden der Geburt.

Diese Therapie kann auch viel zum Verständnis des Todes beitragen. Die Angst vor dem Tod und das damit zusammenhängende Unbehagen, das man meist in Gegenwart von Sterbenden fühlt, werden durch die Untersuchung des jeweiligen Todes in früheren Leben gemildert. Die Verarbeitung dieser Ereignisse, gleichgültig, ob sie vom Glauben an ein Leben nach dem Tod begleitet ist oder nicht, kann die Situation für den Sterbenden, wie auch für seine Familie, erleichtern.

Und noch etwas: Da Reinkarnationstherapie bei Kindern, die sehr gut darauf ansprechen, so erfolgreich ist, kann sie auch zur frühen Vorbeugung gegen emotionale und physische Störungen beitragen.

Dieses Buch schildert die zentralen Punkte von Dr. Nethertons Arbeit, der mit der Reinkarnationstherapie eine in sich geschlossene Technik der Psychotherapie entwickelt hat, die den Menschen gesünder macht, ohne das Risiko unerfreulicher Nebeneffekte, wie sie zum Beispiel bei einer Behandlung mit Medikamenten auftreten können. Sie ist, mit anderen Worten, eine ideale Behandlungsmethode. Doch auch die darüber hinausgehende Bedeutung dessen, was Dr. Netherton tut, halte ich für enorm. Ich möchte medizinische wie auch psychologische Forscher auffordern, die Ergebnisse der Reinkarnationstherapie zu testen. Die daraus resultierenden Daten könnten unsere Berufe einander näherbringen in einem umfassenderen Verständnis der Verkettung von Geist und Körper, das ja im Mittelpunkt aller Heilkünste steht.

WALTER STEISS, M.D.

Ein neuer Weg zur Heilung der Seele

Jeder Therapeut führt ein Doppelleben. Für seine Patienten ist er Begleiter auf dem Weg von der Desillusionierung zur Heilung – Interpret, Führer, manchmal Freund, manchmal freundlicher Gegner, immer aber Begleiter. Für die Welt der Nicht-Patienten jedoch ist er etwas ganz anderes. Er arbeitet als Detektiv, spürt jedem Aspekt der menschlichen Natur nach, stets auf der Suche nach endgültigem Verstehen. Wer sind wir? Was läßt uns lieben, hassen, an andere denken, täuschen oder vertrauen? Jede Krankengeschichte, die er zusammenstellt, birgt neue Schlüssel zu diesem zentralen Geheimnis. Der Therapeut ist verpflichtet, seine Beobachtungen genau aufzuzeichnen und seine Einsichten sorgfältig abzuwägen.

Als behandelnder Psychologe, der die Ergebnisse seiner Arbeit als Buch vorlegt, fühle ich die Last dieser Verpflichtung. Die Verantwortung wird noch größer dadurch, daß ich mich auf eine verhältnismäßig neue und »unorthodoxe« Technik spezialisiert habe, auf die Reinkarnationstherapie. Sie beschäftigt sich mit Wiedergeburt, mit einer Flut von traumatischen Erlebnissen also, die sich offensichtlich im Unbewußten festgesetzt haben, obwohl sie Hunderte, ja manchmal Tausende von Jahren zurückliegen.

Ich weiß sehr wohl, daß ich Gefahr laufe, viele vor den Kopf zu stoßen und viele andere nicht überzeugen zu können. Aber ich hoffe, daß all jene, die dieses Buch lesen, meine therapeutische Methode nach ihren *Erfolgen* beurteilen und die Frage nach der Existenz paranormaler Phänomene erst mal beiseite lassen, um das Funktionieren der Therapie selbst zu verstehen.

Die seltsamen, für den Skeptiker oft verwirrenden Ereignisse, die die Gespräche zwischen mir und meinen Patienten begleiten, kommen immer wieder zur Sprache, und ich werde auch versuchen, sie so weit wie möglich zu analysieren. Mein eigentliches Ziel jedoch ist, eine therapeutische Technik zu beschreiben und anhand von Fallbeispielen die Funktionsweise dieser Technik darzulegen. Mir ist klar, daß es vielen Menschen schwerfällt, irgendeine »wissenschaftliche« Therapie zu akzeptieren, die sich mit dem Problem früherer Leben beschäftigt, darum scheinen mir ein paar einleitende Bemerkungen ganz angebracht.

Für viele Menschen des Abendlandes gehört der Glaube an die Wiedergeburt einem okkulten und bizarren Bereich an, und doch ist dieser Glaube Bestandteil einer der großen philosophischen Weltanschauungen, der neunhundert Millionen Hindus, Buddhisten und Dschainas anhängen. Für diese Menchen – fast ein Drittel der Weltbevölkerung – ist die Vorstellung, daß wir nicht nur einmal leben, ebenso selbstverständlich, wie es die Glaubenswahrheiten des Christentums für uns sind.

Im Rahmen der Reinkarnationstherapie wird die Wiedergeburt als erwiesene Tatsache betrachtet; natürlich ist sie das nicht. Ich bezweifle, daß Reinkarnation jemals bewiesen werden kann, und habe auch wirklich kein Interesse daran, diesen Beweis anzutreten. Ich behandle Reinkarnation als eine Tatsache, weil das die einzige Möglichkeit ist, erfolgreich zu therapieren. Die Patienten erleben Szenen aus ihren früheren Leben wieder, um bestimmte Probleme in ihrem gegenwärtigen Leben zu verstehen. Den Realitätsgehalt des berichteten Materials zu untersuchen, wäre gegenstandslos. Denn der Erfolg der Reinkarnationstherapie hängt nicht von der »Wahrheit« der Wiedergeburt ab, son-

dern davon, daß man die Frage nach der »Wahrheit« hintan-
stellt, um darauf hinzuarbeiten, die Verhaltensstörung des
Patienten zu beheben.

Ich persönlich bin überzeugt davon, daß Reinkarnation
tatsächlich stattfindet. Das hat bei mir weder etwas mit Okkultismus noch mit östlicher Religion zu tun; ich habe einfach aus meinen eigenen Beobachtungen logische Schluß-
folgerungen gezogen. Aufgrund der Fälle, die ich selber behandelt habe, scheint es mir, daß die Theorie der Reinkarnation die Phänomene, deren ich Zeuge geworden bin, *am
logischsten* erklärt.

Im Laufe von zehn Jahren haben mir achtzehn verschiedene Patienten bis ins kleinste Detail denselben Vorgang
beschrieben, Patienten, die sich unmöglich gekannt haben
konnten. Ich konnte Fakten wie die Daten von Schiffsun-
glücken und ungeklärten Selbstmorden verifizieren – aufgrund des Materials, das mir Patienten lieferten, die in diesen Dingen keinerlei spezielles Wissen besaßen. Da ich in
erster Linie praktischer Psychologe und kein Forscher bin,
habe ich nicht versucht, der Wahrheit dieser Ereignisse auf
die Spur zu kommen. Ihr therapeutischer Nutzen ist für mich
bei weitem wichtiger als irgendein »Beweis«, den ich finden
könnte. Trotzdem ist die Suche nach »Beweisen« für frühere Leben natürlich ein spannender Zeitvertreib, und ich
stelle gegen Schluß dieses Buch verschiedene Fälle dar, die
deutlich auf Reinkarnation hinweisen.

Was meine Patienten angeht, so ist der Erfolg ihrer Therapie unabhängig davon, ob sie an Wiedergeburt glauben
oder die ganze Behandlungszeit über skeptisch bleiben.
Mehrere, die zu mir kamen und behaupteten, sie könnten
beweisen, daß Reinkarnation Betrug sei, mußten passen angesichts der Entdeckungen, die sie über ihre eigenen früheren Leben machten. Andere kommen skeptisch in meine
Praxis, arbeiten drei Monate lang mit mir und gehen ebenso
skeptisch wieder fort. Ich gebe darüber kein Urteil ab. Als

Therapeut bin ich lediglich dem psychischen Wohlergehen meiner Patienten verpflichtet. Die Technik, die ich anwende, soll ihren Bedürfnissen entgegenkommen. In diesem Buch stelle ich nur zusammen, was ich bei meiner Arbeit herausgefunden habe, und überlasse es anderen zu urteilen.

Ich bin überzeugt, daß es in unserem Leben vieles gibt, was wir noch nicht einmal angefangen haben zu verstehen. Wir beginnen gerade erst, die wechselseitigen Beziehungen von seelischem Leiden und physischem Schmerz zu erforschen. Die Medizin hat es in der Behandlung körperlicher Krankheiten weit gebracht, und die Psychologie hat in ihrem Verständnis der Seele große Fortschritte gemacht. Aber beide Wissenschaften haben nur notwendige Voraussetzungen geschaffen. Die eigentliche Verbindung von Seele und Körper, von Psyche und Soma zu verstehen, ist die große Aufgabe, die noch vor uns liegt. Reinkarnationstherapie ist ein Versuch, auf dem Weg zur Lösung dieser Aufgabe einen Schritt weiterzukommen.

Es gibt genug Belege für Reinkarnation, so daß sie nicht mehr als bloßer Witz oder als irre Vorstellung einer okkulten Randgruppe abgetan werden kann. Ich habe sie über ein Jahrzehnt lang als therapeutisches Werkzeug benutzt. Fast ohne Ausnahme haben meine Patienten entdeckt, daß ihre seelische Angst in diesem Leben auf eine »physische Situation« in einem früheren Leben zurückgeführt werden konnte. Mit anderen Worten: Wer unter einer ausgesprochenen Höhenangst leidet, wird zum Beispiel feststellen, daß er in einem früheren Leben wiederholt aus großer Höhe fiel und den Tod fand.

Diese Vorstellungen vom »Fallen in den früheren Leben« könnten auch gut »schöpferische Tagträume« genannt werden, und wenn ein Patient es lieber so betrachten will, habe ich nichts dagegen; die Therapie wird ihm trotzdem nützen. In dem Maß, wie er sich aus den Zwängen der vergangenen Inkarnationen löst, verliert er die Angst, unter der er hier und jetzt gelitten hat. Daß das, was er beschreibt, wirklich *real* war, wird von den Hinweisen gestützt, die er selbst über Zeit, Ort, Umstände und die Sprache liefert, die Ereignisse aus »früheren Leben« begleiteten. Wir sammeln diese Einzelheiten, weil es für den Patienten wesentlich ist, das Trauma eines jeden Vorfalls aus einem früheren Leben Stück für Stück wiederzuerleben, und zwar voll und ganz, damit er sich dann endgültig davon lösen kann.

Die Vorstellung, einen Patienten von seinen Ängsten zu befreien, indem man sie ihn noch einmal durchleben läßt, ist nicht neu. Die Psychoanalyse Freuds beruht unter anderem darauf, dem Patienten die in der frühen Kindheit erlittenen und verdrängten Traumata wieder bewußt zu machen. Und im Zweiten Weltkrieg wurden viele Opfer eines Schocks von ihrer Verwirrung geheilt, indem man sie zwang, ihre Erlebnisse auf dem Schlachtfeld im einzelnen zu beschreiben und emotional wiederzuerleben. Im Gegensatz zu den Schock-Opfern kennt mein Patient jedoch selten die Ursache seines Unbehagens, und so suchen wir gemeinsam nach den Ereignissen, an die er sich zu erinnern vermag und in denen seine jetzigen Probleme ihren Ursprung haben könnten. Der einzige tatsächlich »unorthodoxe« Aspekt meiner Methode ist, *wie weit ich zurückgehe,* um das Trauma zu finden: bis zu den Wurzeln der menschlichen Existenz.

Die folgenden Fallgeschichten habe ich nur in Kleinigkeiten abgeändert, um die Privatsphäre meiner Patienten zu schützen. So sind alle Namen, die in diesem Buch verwendet werden, erfunden, und die eine oder andere geringfügige, aber im Hinblick auf die Identität eines Patienten verräterische Einzelheit wurde »retuschiert«. An der eigentlichen Aussage jedoch wurden keine Manipulationen vorgenommen. Die Geschichten werden so wiedergegeben, wie sie sich im Laufe der Behandlung entwickelt haben, rekonstruiert anhand ausführlicher Notizen, die ich während jeder Sitzung mache. Viele davon sind wenig erfreulich. Aber ein

Trauma wird ja schließlich auch von höchst unerfreulichen Situationen verursacht. Über ein langes, glückliches Leben, das ein ruhiges und friedliches Ende nahm, steht nichts in diesem Buch. Nicht weil niemand je zuvor ein glückliches Leben geführt hätte, sondern weil glückliche frühere Leben kaum Störungen im Unbewußten verursachen.

Wenn ein Patient zu mir kommt, versuchen wir festzustellen, worunter er am meisten leidet, womit er im Leben am wenigsten zurechtkommt. Über diese Gefühle berichtet er zuerst und tastet sich dann in die Vergangenheit zurück, um die Ursachen dieser Gefühle zu entdecken. Natürlich stößt er dabei selten auf glückliche Zeiten. Wenn ich den Patienten bitten würde, über seine angenehmsten Gefühle zu sprechen, würde er sich zweifellos auch an viele schöne Abschnitte in seinen früheren Leben erinnern. Aber das wäre keine Therapie, sondern nur ein »Gesellschaftsspiel mit Reinkarnation« und würde weder meine noch die Zeit meines Patienten lohnen. Letztlich wären solche Sitzungen sogar antitherapeutisch. Denn genauso wie eine Verhaltensstörung durch ein vergangenes Trauma bedingt ist, das »gelöscht« werden kann, so ist gesundes, normales Verhalten das Ergebnis vergangener Erfüllung. Auch die kann »gelöscht« werden, und der Betreffende würde seine Sicherheit, Selbstachtung und Produktivität vielleicht verlieren.

Menschen, deren Leben von Verhaltensstörungen unbelastet ist, könnten wahrscheinlich viel eher auf ein »glückliches« früheres Leben zurückblicken als meine Patienten. Doch sie haben keinen Grund, dieses Leben zu erforschen, und das beste für sie ist vermutlich, das Unbewußte nicht aufzustören. Das Material, das meine Patienten geliefert haben, ist oft voller Brutalität und Tragik, das kann und soll nicht geleugnet oder verschleiert werden. Doch habe ich kein Interesse daran, irgendwelche sensationellen Geschichten zu erzählen, und tatsächlich hatte ich mit der »Produktion« dieser Ereignisse ja auch nichts zu tun. Ich habe lediglich meine Patienten auf der Suche nach dem Verbindungsglied zwischen Vergangenheit und Gegenwart geleitet und begleitet und versucht, ihnen zu helfen, sich von den erdrückenden Fesseln der Vergangenheit zu befreien.

Am Anfang steht die Krise

»Ich habe alles versucht.«

Alan Hassler stand vor meiner Praxistür. Er sagte nicht »Guten Tag«, er sagte nicht, »Danke, daß Sie Zeit für mich haben«, er sagte nur: »Ich habe alles versucht.« Die Worte brachen aus ihm heraus, als ob er eine vorbereitete Rede abliefern würde und den ersten Teil davon bereits hinter sich gebracht hätte, bevor ich die Türe öffnete. Der Satz war mir nicht neu, vermutlich hat jeder Psychologe ihn schon mehr oder weniger oft gehört. Bei Alan Hassler stand jedoch eine gehörige Portion Aggressivität dahinter, die es erst einmal zu überwinden galt, das wußte ich.

Zwei Wochen zuvor war er bei mir zu Gast gewesen und hatte – wie sich das für einen guten Rechtsanwalt gehört – aufmerksam verfolgt, was ich über die Methode der Reinkarnationstherapie sagte. Wir kannten einander kaum (unsere Frauen waren befreundet), aber ich sah deutlich, daß er von der Idee einer Wiedergeburt entsetzt war und sich trotz unserer frischgebackenen Bekanntschaft nicht gerade höflich darüber äußern würde. Und richtig – er scheute sich nicht, mich für meine »fehlgeleitete« Arbeit zu tadeln. Alan Hassler war sicher, daß es nach dem Tod nichts gab und meine Arbeit darin bestand, »falsche Hoffnungen« an unglückliche Typen zu verkaufen, die es eben nicht besser wußten. Ich unterließ es, mit meinem Gast über diesen Punkt zu streiten, weil mir klar war, daß das, was ich ihm hätte sagen können, seinen Ärger nur mehren würde. Ich sagte also nichts. Jetzt, zwei Wochen später, stand er vor meiner Tür und behauptete, alles versucht zu haben. Ich war nicht weiter überrascht und bat ihn herein.

Nervös setzte er sich auf die Couch in meinem Sprechzimmer. Selbstsicherheit und Prahlerei waren verschwunden. Die zwei Wochen seit unserer letzten Begegnung schienen ihn schwer mitgenommen zu haben; er wirkte erschöpft, ausgelaugt. Mit seinem leichten Übergewicht sah er aus wie ein völlig geschlagener Mann; sein teurer grauer Anzug war zerknittert und voller Fusseln. Er erzählte mir seine Geschichte in zusammenhanglosen Bruchstücken. Er war Rechtsanwalt mit einer gutgehenden Praxis, fürchtete jedoch, vor dem Ruin zu stehen, obwohl es keinerlei objektive Anhaltspunkte dafür gab. Seine erste Ehe war, wie er sich ausdrückte, »verheerend« gewesen; jetzt drohte ihm seine zweite Frau mit Scheidung.

»Aus demselben Grund«, sagte er. »Jedesmal, wenn ich eine häusliche Krise auf mich zukommen sehe, möchte ich bloß davonlaufen und mich verstecken. Ich kann gegen den härtesten Richter der Welt antreten, und es ist nur das übliche Tagwerk. Aber wenn meine Familie ein Problem hat, verdrücke ich mich durch die Hintertür. Ich kann es nicht ändern. Ich möchte mich bloß verstecken.«

Das sagte er nun schon zum zweiten Mal. Ich notierte es mir und fragte ihn nach seiner Ehe. Seine Frau, so schien es, war sehr verschwenderisch. Er verdiente nicht schlecht, hatte aber das Gefühl, sich für sie zu Tode zu arbeiten. Die Tatsache, daß seine Vorstellung über sein häusliches Leben der wirklichen Situation kaum entsprach, war ein deutliches Zeichen dafür, daß er auf eine ganz andere Situation reagierte, auf eine, die er, wie ich annahm, in der Vergangenheit finden würde. Dann fiel ein zweiter symptomatischer Satz.

»Ich weiß gar nicht, wofür ich eigentlich so schwer arbeite; es ist alles so hoffnungslos.« Das vergangene Ereignis schob sich in den Mittelpunkt. Ich schrieb auch diesen Satz auf – »Es ist alles so hoffnungslos« – und bat ihn, sich zurückzulegen und die Augen zu schließen.

Er warf mir einen feindseligen Blick zu.

»Sie sind hier, um das durchzuarbeiten«, erklärte ich. »Sonst wären Sie nicht zu mir gekommen.«

Er zuckte die Schultern, legte sich widerstrebend auf die Couch und schloß die Augen.

»Nehmen Sie den Satz ›Ich weiß gar nicht, wofür ich eigentlich so schwer arbeite; es ist alles so hoffnungslos‹.«

»Ich habe ihn in meinem Büro ins Diktaphon gesprochen«, gab er zu. »Ich habe das Handtuch geworfen.«

»Wiederholen Sie ihn.«

»Ich weiß gar nicht, wofür ich eigentlich so schwer arbeite; es ist alles so hoffnungslos.«

»Wiederholen Sie noch einmal: ›Es ist alles so hoffnungslos‹.«

»Es ist alles so hoffnungslos.«

»Noch mal.«

»Es ist alles so hoffnungslos.«

»Und noch einmal, bitte.«

»Es ist alles so hoffnungslos.«

»Wohin gehen Sie, was können Sie sehen, hören, denken, fühlen?«

»Nichts.«

Er beschäftigte sich ein paar Minuten mit dem Satz, ohne noch etwas zu sagen. Ich versuchte, den Satz »Ich möchte mich bloß verstecken« auf die gleiche Weise durchzuspielen – mit demselben Ergebnis. Alan lag da, wiederholte den Satz immer wieder – nichts. Ich konnte sein Verhalten nicht genau einschätzen – stand er der Arbeit bloß gleichgültig gegenüber, oder war er wirklich blockiert? Auf meinem Zettel standen nur die beiden Sätze, die er mir gegeben hatte. Da »sah« ich auf dem weißen Fleck darunter plötzlich den Satz, den er mir entgegengeschleudert hatte, als er eingetreten war.

»Nehmen Sie den Satz ›Ich habe alles versucht‹«, sagte ich zu ihm.

Sein Körper zuckte. Ich sah, wie sein Kopf leicht nach links fiel, dann entspannte er sich wieder. »Ich habe alles versucht – es ist alles so hoffnungslos.«

»Noch einmal, bitte.«

»Nichts«, sagte er, aber ich wußte, daß es nur ein Rückzugsgefecht war. Er hatte sein früheres Erlebnis zum ersten Mal gesehen, und Anwälte unterliegen ungern in einem Kampf. Aber ich ließ nicht locker:

»Was ist das nächste, was Sie hören, sehen oder fühlen?«

Lange Pause. »Ich bin auf einer Farm«, gab er zu. »Auf einer Farm, aber es sieht aus wie eine Wüste.«

Ich fing an, mir Notizen zu machen. »Wiederholen Sie: ›Ich habe alles versucht‹.«

»Ich *habe* alles versucht.«

Ich wußte, daß er sich die Szene nicht ausdachte, auch wenn *er* dessen noch nicht sicher war. Jetzt mußte ich das Ereignis sich entwickeln lassen.

»Kein Regen«, sagte er. »Das Klima hat sich geändert. Ich bin sehr erfolgreich gewesen, aber im vergangenen Jahr war die Ernte schlecht. Dieses Jahr gibt es überhaupt keine Ernte.«

»Das nächste, was auftaucht. . .«

»Meine Frau wird langsam verrückt. Sie sieht nicht, daß wir keine Chance haben, so weiterzuleben wie früher. Sie bringt keine Opfer. Man hat uns das Haus weggenommen. Wir wohnen in der Scheune. Ich habe alles versucht, aber es kommt kein Regen. Ich bin in die Stadt gegangen, um die Farm zu verkaufen, aber wer sollte die schon kaufen?«

Bis dahin hatte Alan noch ruhig berichtet, obwohl die Ereignisse ihm ausgesprochen »real« erschienen. Dann änderte sich sein Tonfall plötzlich. Sein Atem ging schwerer, seine Erzählweise wurde langsamer. Eine Flut von Einzelheiten sprudelte hervor.

»Der Wind macht uns wahnsinnig. Der Boden ist reiner Staub. Er weht um die Hausecken, wirbelt in die Bäume hinauf. Ich habe ein Tuch um den Kopf gewickelt. Ich habe so schwer gearbeitet. Es ist alles so hoffnungslos.«

Satz Nummer zwei. Wir wiederholen ihn viermal. Nach und nach wurde ihm klar, daß dies derselbe Satz war, den er zur Beschreibung seines gegenwärtigen Lebens gebraucht hatte.

»Der vordere Hof ist voll Staub. Überall wirbelnder Staub. Niemand würde das hier kaufen wollen...«

Mitten im Satz hielt er inne. Sein Körper auf der Couch erstarrte vor Spannung, und die Farbe wich aus seinem Gesicht. Auf seiner Oberlippe stand Schweiß.

»Oh, mein Gott«, sagte er dann ganz ruhig. »Sie hat die Kinder getötet.«

»Noch einmal.«

»Sie hat die Kinder getötet.«

Vier oder fünf Sekunden lang Pause. Der Rest kam schnell, aufgehalten nur, weil ich darauf bestand, daß er jeden Satz von Bedeutung wiederholte, bis seine Stimme ihre Anspannung verloren hatte.

»Sie hat die Kinder im vorderen Hof erstochen. Ich habe eine Pistole. Die Kinder sind tot, alles ist voller Blut, und ich renne. Ich renne in die Scheune. Sie steht da, das Tuch um den Kopf. Ich kann ihr Gesicht nicht sehen, aber sie hat ein Messer auf ihre Brust gerichtet. Ich weiß nicht, was tun, da drücke ich ab. Es reißt ihr die Füße weg, sie ist blutbedeckt. Ich schaue mich um. Nichts will wachsen.«

Ich wußte, wir hatten es geschafft, wir waren auf ein Ereignis gestoßen, das Alans Einstellung zu den »häuslichen Krisen« seines gegenwärtigen Lebens entscheidend beeinflußte. Wir gingen noch einmal zurück zu seiner Entdeckung der Kinder und arbeiteten die Szene durch, sammelten weitere Einzelheiten – die plötzliche Übelkeit, die Alan befiel, als er sah, was geschehen war, die Geräusche und das Gefühl von Staub in den Augen. Während wir diesen Vorfall schrittweise aufdeckten, verlor Alans emotionale Bindung allmählich ihre Kraft. Schließlich gelang es ihm, alles ganz ruhig und distanziert zu beschreiben. Erst dann wandten wir uns der nächsten Szene zu.

»Ich halte mir die Pistole an die rechte Schläfe. Ich drücke ab, ohne zu zögern. Ich bin froh zu entkommen.«

»Noch einmal.«

»Ich bin froh zu entkommen.«

»Noch mal.«

»Ich bin froh zu entkommen.«

Als er seinen Selbstmord beschrieb, warf Alan Hassler den Kopf von rechts nach links. Die Kugel drang in die Schläfe ein und blieb hinter den Augen stecken.

Die erste Verbindung war hergestellt. Ich verlangte von Alan nicht zu glauben, daß irgend etwas von dem, was er mir erzählt hatte, tatsächlich einmal passiert war. Wenn er es lieber für das Produkt einer plötzlich freigesetzten Phantasie halten wollte, konnte die Therapie auf dieser Ebene weiterlaufen. Schließlich sagt auch oder gerade das, was jemand über sich erfindet, eine Menge über diesen Menschen aus, über seine Zwangsvorstellungen, Ängste und sein Selbstverständnis.

Wieder völlig in die Gegenwart zurückgekehrt, war Alan Hassler nicht sicher, wo er gewesen war. Er gab zu, eher wenig Phantasie zu haben, und er war ein schlechter Geschichtenerzähler. Er erklärte sich bereit, diese »Kontaktaufnahme« mit einem früheren Leben nicht sofort zu analysieren. (Obwohl er ein frappierendes Beispiel für die Art von Ereignis gefunden hatte, die sein Unbewußtes mit der Vorstellung »häusliche Krisen« verband, war er natürlich noch nicht »geheilt«.) Während der nächsten drei Monate erforschten Alan und ich viele frühere Inkarnationen. Er war selbst erstaunt über die feinen und seltsamen Fäden, die zwischen seinen vergangenen Erfahrungen und seinem gegenwärtigen Leben gezogen werden konnten.

Was ihn zunächst bestimmt hatte weiterzumachen, war die erste, rasche, unerwartete Begegnung. Doch als ihm die Therapie erfolgreich zu sein schien, änderte er allmählich auch seine Haltung gegenüber meiner Methode im besonderen und gegenüber der Reinkarnation im allgemeinen. Erst nachdem er gesehen hatte, daß die Sache funktionierte, erklärte ich ihm das ganze Verfahren und das Ziel, das wir, wie ich hoffte, gemeinsam erreichen konnten.

Reinkarnationstherapie –
eine Archäologie der Psyche

Die Psychotherapie ist vielen Menschen unheimlich. Ein Prozeß, in dessen Verlauf der Patient aus seiner Verzweiflung heraus- und zu realistischer Hoffnung hingeführt wird, erscheint wie Zauberei, dem Verstand nicht zugänglich, und es gibt viele, die lieber glauben möchten, daß so etwas auch gar nicht möglich sei. Aber die meisten dieser Behandlungsmethoden beruhen auf soliden und einfachen Prinzipien, und die Reinkarnationstherapie bildet da keine Ausnahme. Sie *ist* eine therapeutische Methode und in *keiner* Weise dem Okkultismus verwandt, außer daß sie ebenfalls die Möglichkeit der Wiedergeburt akzeptiert.

Wie viele andere Formen der Psychotherapie auch, setzt die Reinkarnationstherapie die Existenz des Unbewußten voraus. Freud und Jung entdeckten, daß unser größter Schmerz, unsere tiefsten Ängste und unsere einschneidendsten Traumata tief in uns begraben liegen. Oft können wir uns weder an die Vorfälle erinnern, die sie hervorgerufen haben, noch an die unmittelbaren Folgen dieser Vorfälle. Nur die Narben bleiben sichtbar – in Form von Verhaltensstörungen. Aber die Geschehnisse sind nicht »vergessen«: Sie sind nur ins Unbewußte »abgesunken«.

Der Freudianer sucht die Ursache für die gegenwärtigen Probleme seines Patienten in dessen früher Kindheit. Andere Analytiker, wie zum Beispiel Otto Rank, nahmen an, daß die Ereignisse bei der Geburt – der »Geburtsschock« vor allem – oder sogar Eindrücke während der neun Monate im Mutterleib, während der »pränatalen Phase« also, im Unbewußten

eines jeden Menschen festgehalten sind. Die Reinkarnationstherapie geht noch einen Schritt weiter, indem sie behauptet,
daß die Ereignisse aus früheren Leben einen geradeso verhee-
renden Einfluß auf das gegenwärtige Verhalten eines Patienten haben können wie etwas, das ihm in diesem Leben zuge-
stoßen ist. Jene Ereignisse sind ebenso deutlich im Unbewußten aufgezeichnet wie die Ereignisse dieses Lebens, und sie sind
ebenso durch eine Therapie zugänglich.

Das Unbewußte arbeitet wie ein Tonbandgerät. Unterschiedslos registriert und bewahrt es alles, was sich ereignet.
Während unser Bewußtsein in der Lage ist, die besonders
schmerzlichen oder erschreckenden Ereignisse im Leben
einfach zu »vergessen«, das heißt zu verdrängen, verschließt
sich das Unbewußte niemals und prägt mit seinem Informa-
tionsvorrat Bewußtsein und Gefühlsleben eines jeden Menschen. Wenn das Unbewußte »eingeschaltet« wird und mit
dem »Rückspulen« beginnt, merken wir plötzlich, daß wir
Geschehnisse abrufen können, die lange vor unserem jetzigen Leben liegen. Die Einzelheiten dieser Rückerinnerungen formen sich zu Szenen, die der Patient dann während einer Reinkarnationssitzung noch einmal durchlebt.

Unsere erste Aufgabe in jeder Sitzung ist es natürlich, die
einschneidenden Ereignisse aufzudecken – die Bandauf-
nahme zurückzuspulen, die das Unbewußte gespeichert hat.
Viele Psychologen haben zu diesem Zweck Hypnose und
Suggestion benutzt, ich aber finde, daß diese Methode den
Patienten benachteiligt. Er überläßt dem Therapeuten dabei eine notwendige Kontrolle und kann selbst nichts dazu
tun, das unbewußte Ereignis zu »löschen«. Es sollte aber
immer der Patient sein und nicht der Therapeut, der die Arbeit macht. Deshalb muß er sich des rückerinnerten Materials und dessen Wirkung auf seine Psyche stets voll bewußt
sein. Mein Ziel ist daher, das Unbewußte zu erreichen, ohne
die Präsenz des Bewußtseins zu eliminieren.

Zu Beginn einer jeden Behandlung werden erst einmal

die vom Patienten besonders häufig gebrauchten Sätze näher betrachtet.

Die Sätze

Jeder Mensch benutzt die Sprache auf eine ganz persönliche Art und Weise, und jeder von uns scheint bestimmte »Leitsätze« zu haben. Das sind keine Mottos, keine weisen Sentenzen, sondern Gemeinplätze, die in unseren täglichen Gesprächen als ständiges Muster immer wieder auftauchen.

Wenn ein Patient zur Behandlung zu mir kommt, notiere ich mir seine Familien- und Krankengeschichte und spreche mit ihm über seine Probleme, so wie er sie sieht. Dabei achte ich auf bestimmte Sätze, die immer wiederkehren, oder solche, die im Kontext des Erzählten irgendwie deplaziert wirken. Wenn ein Patient einen ständigen Ärger mit den Worten schildert: »Das brennt mir auf den Nägeln«, oder: »Ich sehe rot«, dann betrachte ich diese Sätze als wörtliche Beschreibung von »etwas« im Unbewußten des Patienten, etwas, das ihn stört, etwas, das »raus« will, ins Bewußtsein dringen will.

Diese Sätze übernehmen nun eine Art Leitfunktion; mit ihrer Hilfe versuche ich, das Unbewußte aufzuschließen. Ich bitte den Patienten, sich hinzulegen, die Augen zuzumachen, sich auf die Sätze zu konzentrieren, die er mir gegeben hat, und sie zu wiederholen, bis vor seinem inneren Auge eine Art Bild oder ein weiterer Satz auftaucht. An diesem Punkt fürchten die meisten, daß sie eine Niete ziehen werden – daß sie »versagen«. Aber fast ausnahmslos provoziert die ständige Wiederholung eines Satzes irgendein »Bild« im Patienten, und von da aus arbeiten wir weiter.

Wenn ein neuer Patient schließlich zum ersten Mal eine Szene aus einem seiner früheren Leben »sieht«, entwickelt sich die ganze vergangene Situation oft so rasch, daß es den

Patienten entsetzt und schier überwältigt. So war es auch bei Alan Hassler und seiner Konfrontation mit häuslichen Krisen. Wenn ein Patient Schwierigkeiten hat, ein erstes Ereignis aus einem früheren Leben in den Griff zu bekommen, blockiert meist irgend etwas sein Unbewußtes. Er mag blind oder taub gewesen sein bei dem Ereignis, das er reaktivieren will, oder er hat es unbewußt mit einem großen Geheimnis umgeben. Es gibt Methoden, solche »Fehlschläge« in der ersten Sitzung zu verhindern, aber sie werden selten benötigt. Gewöhnlich öffnet sich das Unbewußte nach einem Augenblick des Zögerns von selbst. Oft besteht meine schwierigste Aufgabe eher darin, mit der Flut von auftauchenden Szenen Schritt zu halten, wenn der Damm erst einmal gebrochen ist.

Während der ganzen Vergangenheitsenthüllung weiß der Patient stets genau, was geschieht, und er kann die Information, die das Unbewußte freigibt, verwerten. Es ist außerordentlich wichtig, daß er die Prinzipien des Ablaufs versteht, so daß er selbst darauf reagieren kann. Bei den von mir geschilderten Fallbeispielen (s. S. 52 ff.) habe ich das Arbeitsgespräch zwischen Therapeut und Patient, das den Verlauf der Sitzung festhält, komprimiert wiedergegeben oder ganz weggelassen. Bevor ich daher auf bestimmte einzelne Verhaltensprobleme eingehe, möchte ich diesen Prozeß anhand des folgenden Protokolls einer Sitzung mit meiner Patientin Ann Boyd ein wenig erhellen. Die betreffende Sitzung fand sechs Wochen nach Beginn der Behandlung statt.

Die Sitzung

Ann Boyd war eine große, introvertierte Frau von vierunddreißig Jahren. Sie war nicht unattraktiv, aber sehr zurückhaltend, ja, unnahbar. In müßigen Augenblicken wurden ihre Augen unstet, Daumen und Zeigefinger spielten mit dem hinter die Ohren zurückgestrichenen Haar. Ihr Problem war ihr Verhältnis zum anderen Geschlecht. Es war ihr unmöglich, eine gute und dauerhafte Beziehung zu einem Mann aufzubauen. Sie war zehn Jahre lang mit einem Alkoholiker verheiratet gewesen, seit kurzem geschieden, und hatte seitdem nacheinander mehrere Verhältnisse gehabt, die jedoch nie lange währten. Sie klagte über Schmerzen während des Verkehrs und überwältigende Schuldgefühle, wenn wieder einmal eine Beziehung in die Brüche gegangen war.

»Die Männer verlassen mich, und ich fühle mich wie erschlagen«, sagte sie. »Es kommt mir vor, als ob ich für mein Versagen bestraft werde. Ich glaube, kein Mann wird mich je lieben. Es ist sinnlos.«

Ich machte mir Notizen auf meinen Block: Schmerzen beim Verkehr, erschlagen, Strafe, sinnlose Liebesbeziehung. Diese Notizen bildeten den Ausgangspunkt unserer Sitzung.

Dr. Netherton: Gut, legen Sie sich hin, schließen Sie die Augen und wiederholen Sie den Satz »Kein Mann wird mich je lieben« immer wieder, und sagen Sie mir dann, was Ihnen dabei als erstes in den Sinn kommt.

Ann Boyd: Ich weiß nicht. . . »Kein Mann wird mich je lieben. . .«

Dr. Netherton: Noch einmal.

Ann Boyd: »Kein Mann wird mich je lieben. . .« Ich kann es hören.

Dr. Netherton: Im Haus oder im Freien? Die erste Antwort, die Ihnen einfällt!

Ann: Eine weibliche. . . ich. . . Wo bin ich?

Dr. Netherton: Im Haus oder im Freien? Die erste Antwort, die Ihnen einfällt!

Ann: *Draußen.*

Dr. Netherton: Was können Sie sehen, hören, fühlen. . .?

Ann: Ich habe Angst.

Dr. Netherton: Als ob was geschieht?

Ann: Ich falle.

Dr. Netherton: Während Sie fallen – was kommt Ihnen als nächstes in den Sinn?

Ann: Ich bin schwanger. Ein Erdbeben. Ich falle in ein Loch. Vor sehr langer Zeit.

Dr. Netherton: Was denken, fühlen, sehen, hören Sie?

Ann: Ich bin erst vierzehn, der Priester hat mich schwanger gemacht. Es ist sinnlos, ich werde dieses Baby nie bekommen.

Dr. Netherton: Noch einmal.

Ann: Es ist sinnlos, ich werde dieses Baby nie bekommen.

Der Satz »Es ist sinnlos« hat Anns Leben bis zu diesem Zeitpunkt beherrscht. Wenn wir auf einen solchen Satz in einem früheren Leben stoßen, ist es wesentlich, ihn im Unbewußten des Patienten zu löschen. Ich lasse Ann den Satz wiederholen, bis sie jede emotionale Bindung an ihn verliert und einsieht, daß er ein Zitat aus der Vergangenheit ist, und nichts mit der Gegenwart zu tun hat. Sie muß den Satz wiederholen, bis alle Spannung aus ihrer Stimme verschwunden ist. Das geschieht meist nach zwei oder drei Wiederholungen. Jedes Mal, wenn wir in Anns Vergangenheit auf den Satz »Es ist sinnlos« stoßen (und das mag Hunderte von Malen der Fall sein), müssen wir sie von ihm befreien. Nach und nach werden die Folgen dieses »Löschvorgangs« spürbar.

Dr. Netherton: Wenn dieses Fallen anfängt, was spüren Sie dann? Wir müssen den Druck und den Schmerz fühlen und herausfinden, was Sie hören, sehen und denken, während es geschieht.

Ann: Der ganze Boden um mich herum bebt. Erde fällt auf mich. Ich habe eine Fehlgeburt, während ich falle.

Dr. Netherton: Wenn Sie den Boden berühren – welcher Teil Ihres Körpers schlägt zuerst auf? Wo fühlen Sie den Schmerz?

Ann: Im Bauch. Ich werde mein Kind verlieren.

Dr. Netherton: Weiter.

Ann: Ich schlage auf dem Boden auf. Er ist hart. Die Erdbrocken fallen mir ins Gesicht. Sie erschlagen mich.

Dr. Netherton: Noch einmal.

Ann: Sie erschlagen mich.

Dr. Netherton: Noch mal.

Ann: Sie erschlagen mich.

Dr. Netherton: Was spüren Sie jetzt?

Ann: Ein Gewicht auf meiner Brust. Ein Stein fällt mir auf die Brust.

Dr. Netherton: Gut, wenn Sie diesen Stein fühlen, sagen Sie mir genau, was passiert.

Ann: Ich spüre den Druck. Jetzt fühle ich einen stechenden Schmerz. Etwas bohrt sich mir zwischen die Rippen. Es tut weh. Es tut weh. Es tut weh.

Wir spielen die Szene in allen Einzelheiten durch, wobei wir jedem physischen Schmerz besondere Beachtung schenken, denn viele von Anns gegenwärtigen emotionalen Problemen haben ihre Ursache in der »Rückkehr« zu Ereignissen, wie dem gerade beschriebenen. Von entscheidender Bedeutung ist, daß sie den Schmerz tatsächlich *fühlt*, wenn diese materiellen Dinge sie »erschlagen«, damit sie sich von dem gefühlsmäßigen »erschlagen werden« lösen kann, das ihr in diesem Leben so oft begegnet. Erst wenn sie den Schmerz dieser Erdbebensituation voll erfahren hat, kann sie sich davon lösen – Schritt für Schritt, immer wieder, bis sie ihn ein für alle Male hinter sich gelassen hat.

Ann: Oh, mein Bauch tut weh, mein ganzer Körper tut weh, aber besonders von hier abwärts. (Sie zeigt auf die Gegend zwischen Brustkorb und Becken.) Ich bekomme Krämpfe.

Dr. Netherton: Gut, wo sind jetzt die Steine?

Ann: Auf meinem Gesicht. Oh, mein Kind, mein Kind, mein armes Kind. Ich möchte den Schmerz für mein Kind lindern.

Dr. Netherton: Was passiert als nächstes?

Ann: Ich fange an zu sterben.

Dr. Netherton: Lassen Sie den Tod eintreten. Gehen Sie hindurch.

Ann: Der Schmerz, ich habe noch immer Schmerzen im Unterleib und am Steißbein.

Wenn ich merke, daß ein Patient unfähig ist, in eine Todeserfahrung einzutreten und durch sie hindurchzugehen, dann weiß ich, daß wir den Schmerz und das Trauma des Ereignisses noch nicht völlig gelöscht haben. Manchmal haben wir einfach einen wesentlichen traumatischen Augenblick in der Szene, die der Patient beschreibt, verpaßt. Häufiger noch ist der Patient an eine frühere Szene desselben Lebens gebunden und will nicht »sterben«, ohne auch diese frühere Erfahrung gelöscht zu haben. Aus diesem Grund geschieht es oft, daß wir von der Todesszene aus in die Zeit davor zurückgehen, um früheren traumatischen Ereignissen auf die Spur zu kommen. So auch in diesem Fall.

Dr. Netherton: Gut, machen wir uns klar, wie der Schmerz zustande kam. Wenn Sie an die beiden Stellen denken, wo es Ihnen weh tut, was ist mit diesen Stellen, daß der Schmerz so festsitzt?

Ann: Der Mann, als er mich vergewaltigte, es tat sehr weh. Er ist ein Priester, und jeder denkt, er ist ein guter Mensch.

Dr. Netherton: Gut, gehen Sie zu der Vergewaltigung zurück. Vergegenwärtigen wir uns genau, was passiert.

Ann: Er schlägt mich nieder. Er hält ein Messer hierher (sie zeigt auf die Brust). Ich bin verwirrt, ich verstehe nichts, ich kann nichts sehen.

Dr. Netherton: Gehen Sie da durch und sagen Sie mir, was Sie als nächstes fühlen.

Ann: Ich weiß nicht, vielleicht straft Gott mich?

Dr. Netherton: Hören Sie das jemanden sagen?

Ann: Ja, sie sagt: »Gott wird dich strafen«.

Dr. Netherton: Noch einmal.

Ann: »Gott wird dich strafen.«

Dr. Netherton: Wer sagt das?

Ann: Jemand schaut zu.

Dr. Netherton: Wer?

Ann: Eine Schwester. Sie sagt es zu ihm. Oh, mein Gott, mein Gott, sie sagt es zu *ihm!*

An diesem Punkt überkamen Ann unkontrollierbare Zuckungen, irgendwo zwischen Lachen und Weinen. Jahrelang hatte sie mit dieser Schuld gelebt, hervorgerufen durch die unbewußten Worte: Gott wird dich strafen. Die Tatsache, daß die Worte nie an sie, sondern an ihren Angreifer gerichtet waren, kam einer Offenbarung gleich. In der Vergewaltigungssituation erlitt Ann (oder wie immer sie auch in jenem Leben hieß) einen Schock, ihr Bewußtsein war ausgeschaltet und der ganze Vorfall Wort für Wort im Unterbewußtsein aufgezeichnet. Ihr ganzes Leben war beherrscht von dem unbestimmten Gefühl, sie würde bestraft werden, sie *sollte* bestraft werden. Die plötzliche Erkenntnis des wahren Sachverhalts warf sie fast um. Wir rekapitulierten die Szene mehrmals, und danach sah ich einen anderen Menschen auf der Couch liegen. Die Muskelanspannung, die ihr Gesicht gezeichnet hatte, seit ich sie kannte, war verschwunden. Ihre Augen, die immer ein Versteck zu suchen schienen, blickten klar und ruhig. Sie nahm den Erzählfaden leicht wieder auf.

Ann: Ihm ist egal, was sie zu ihm sagt. Ich bin sehr verwirrt. Mein Kopf ist verletzt, oh, jetzt ist er in mir... er bewegt sich... ich fühle nicht sehr viel... trocken... taub... Dann steckt er es mir in den Mund...

Dr. Netherton: Lassen Sie Ihr Unbewußtes die Erfahrung durchlaufen. Gehen Sie weiter hindurch.

Ann: Ich werd's dir zeigen, ich werd's dir zeigen... ich werd's dir zeigen: Ich mag den Geschmack und den Geruch nicht... ich fange an zu würgen...

Dr. Netherton: Gehen Sie da durch. Was kommt jetzt?

Ann: Er schlägt mich auf den Hintern, zieht mich hoch und sagt: »Verschwinde jetzt hier.«

Dr. Netherton: Was taucht als nächstes auf?

Ann: Ich krieche außen an einem Gebäude entlang, ich warte auf eine Gelegenheit wegzulaufen... aber jetzt ist alles anders. Es ist später... ich weiß, daß ich schwanger bin... Die Erde fängt an zu beben. Ich fühle, daß Gott mich straft, ich bin ruiniert... Kein Mann wird mich je lieben.

Dr. Netherton: Wiederholen Sie das.

Ann: Kein Mann wird mich je lieben.

Dr. Netherton: Noch mal!

Ann: Kein Mann wird mich je lieben... Jetzt kommt meine Chance wegzulaufen... Ich laufe und laufe, über ein Feld voller Gräser, es riecht wunderbar, ich liebe den Geruch der Blüten; frisch gemähtes Gras – das ist mir der liebste Geruch überhaupt, er bedeutet Freiheit. Der Himmel ist so blau, aber er bricht auf, in Stücke, die Erde bricht überall um mich herum auf, ich laufe, laufe in den Wind, atemlos, vor mir liegt ein Kornfeld, es ist schön, golden...

Dr. Netherton: Die Erde...

Ann: Sie bricht auf, ich habe das Gefühl zu fallen, wohin ich meinen Fuß auch setze, ich habe Angst zu fallen. Ich spüre Frieden, ich weiß, ich werde bald sterben. Jetzt falle ich in das Loch.

Damit sind wir zur Todesszene zurückgekehrt, nachdem wir hoffentlich jedes Trauma durchgearbeitet haben, das Ann gehindert hatte, dieses vergangene Leben hinter sich zu lassen. Aber noch sind wir nicht fertig.

Dr. Netherton: Wenn Sie jetzt in das Loch fallen, sind Sie noch an irgend etwas gebunden, was wir durchgearbeitet haben?

Ann: Die Erde auf meinem Gesicht.

Dr. Netherton: Wo ist die Erde jetzt?

Ann: In meinem Mund. Uh. Es schmeckt wie Dünger. Ekelhaft.

Dr. Netherton: Gut, was geschieht jetzt?

Ann: Ich bin in dem Loch, die Steine liegen herum...

Dr. Netherton: Und als nächstes...?

Ann: Ich lausche.

Dr. Netherton: Was hören Sie?

Ann: Meine Mutter.

Dr. Netherton: Was sagt sie?

Ann: Er wird dich jetzt nie mehr lieben.

Dr. Netherton: Noch einmal.

Ann: Er wird dich jetzt nie mehr lieben.

Dr. Netherton: Noch mal.

Ann: Er wird dich jetzt nie mehr lieben.

Wir müssen noch einmal zurückgehen und eine frühere Situation aus jenem Leben durchspielen. Dieses »Hin- und Herspringen« ist bei der Reinkarnationstherapie üblich; das Unbewußte scheint die Ereignisse in unlogischer Reihenfolge freizugeben, jedes löst die Erinnerung an ein weiteres in einer Art Kettenreaktion aus. Durch ein Bild oder einen Satz, der in einer Szene auftaucht, tritt plötzlich eine ganz andere Situation ins Blickfeld. Dabei ist es von entscheidender Bedeutung, daß der Therapeut jede Szene bis zu Ende durchspielt, wie sie sich gerade darbietet. Ich werde Anns Todesszene daher so oft verlassen, wie sie mich, durch irgendein Wort oder Bild veranlaßt, woanders hinführt. Von da aus kehrt sie dann nämlich immer wieder zu dem letzten Schmerz und Todestrauma zurück. Wenn wir dieses Trauma durchgearbeitet haben, wenden wir uns dem Leben noch einmal in ganz systematischer Weise zu, ordnen die Ereignisse chronologisch und suchen nach weiteren Eindrücken, die vielleicht noch auftauchen.

Dr. Netherton: Was entwickelt sich als nächstes?

Ann: Ein Junge ist da; er sagt, er würde mich heiraten.

Dr. Netherton. Noch einmal.

Ann: Ein Junge ist da; er sagt, er würde mich heiraten. Es ist mein Freund. Wir sind zusammen spazierengegangen und haben miteinander geredet. Er ist der einzige Mensch, dem ich gesagt habe, daß ich versuche, lesen und schreiben zu lernen. Meine Mutter hat gesagt, ich sollte nicht lesen und schreiben lernen... Meine Mutter sagt...»Er wird dich jetzt nicht mehr heiraten, du bist ruiniert...«

Dr. Netherton: Ist das vor oder nach der Vergewaltigung?

Ann: Danach.

Dr. Netherton: Gut, Was taucht als nächstes auf?

Ann: Die Erde – in meinem Mund. Ich bin in dem Loch. Alles geschieht sehr schnell. Ich fühle nicht viel. Ich bin traurig, aber der Schmerz ist nicht stark. Ich bin... vielleicht stehe ich unter einem Schock.

Dr. Netherton: Was fühlen Sie?

Ann: Ich bin traurig wegen des Babys. Ich wollte erwachsen werden und einen Mann finden, der mich mitnimmt.

Dr. Netherton: Noch einmal.

Ann: Ich wollte erwachsen werden und einen Mann finden, der mich mitnimmt. Ich wollte später ein Baby haben... nicht jetzt. Trotzdem, jetzt sterben wir zusammen. Ich kann das Gewicht spüren. Ich kämpfe nicht einmal, um aus dem Loch herauszukommen. Ich weiß, es ist sinnlos.

Dr. Netherton: Noch einmal.

Ann: Ich weiß, es ist sinnlos.

Dr. Netherton: Noch mal.

Ann: Ich weiß, es ist sinnlos. Ich sterbe jetzt. Ich habe aufgegeben. Der Schmerz hat aufgehört. Ich weiß nicht, was passiert ist.

Dr. Netherton: Sind Sie tot?

Ann: Ich glaube, ja, ich bin nicht mehr da...

Dr. Netherton: Gut, schön, wir wollen dieses Ereignis noch mal genau ins Auge fassen. Können Sie es ganz überblicken?

Ann: Ja.

Dr. Netherton: Ist jetzt alles geklärt, so daß Sie keine Bindung mehr daran haben?

Ann: Ja.

Dr. Netherton: Gut, lassen Sie das Unbewußte jetzt wandern, wohin es mag, wir wollen sehen, wo die Verstärkungen für diese Muster herkommen.

Ann: Ich werde gehängt. Mir sind die Augen verbunden, aber irgendwie kann ich sehen, zumindest... ich weiß, was geschieht... Ich glaube, ich bin geblendet, vielleicht wurde ich früher geblendet... ein Feuer wird gerade angezündet...

Hier ist Ann in ein anderes Leben geraten, ein Leben, in dem sie wieder auf dieselben Muster stoßen wird, obwohl die Umstände andere sind.

Dr. Netherton: Was kommt Ihnen als erstes in den Sinn – ein Wort, ein Gedanke.

Ann: Es ist hoffnungslos.

Dr. Netherton: Denken Sie das, oder sagt es jemand?

Ann: Ich sehe einen jungen Mann, er wollte mich heiraten... er verrät mich. Ich möchte weinen und kann nicht, ich glaube, wenn ich nur weinen könnte, bevor ich sterbe, würde ich mich wohler fühlen... ich kann nicht, ich ersticke... ich ersticke an meinen eigenen Tränen...

Dr. Netherton: Gut, betrachten wir die Szene genauer... Was fühlen Sie?

Ann: Der Strick um meinem Hals tut weh.

Dr. Netherton: Beschreiben Sie ihn –

Ann: Rauh, ich habe nie gewußt, daß die Haut an meinem Hals so empfindlich ist, so zart... Schmerzen in der Brust... Der Strick wird enger... ich höre jetzt viele Schreie...

Dr. Netherton: Die genauen Worte...

Ann: »Gott wird dich strafen... Gott wird dich strafen... Gott wird dich strafen!«

Dr. Netherton: Und weiter...

Ann: Sie haben ein Buch, ein Buch über Hexen... Es ist schwarz... sie schauen in das Buch und sagen, daß ich eine Hexe bin...

Dr. Netherton: Gehen Sie weiter...

Ann: Es ist ein Mann da... jener junge Mann, den ich in der Menge sehe... ich sehe ihn undeutlich. Er hat mich geküßt... gesagt, er würde zurückkommen und mich heiraten... Ich erzählte es meiner Mutter, und sie sagte, er würde nie den Mut haben, das zu tun... Er wird die Frau heiraten, die er heiraten soll... Seine Verlobte schickt diese Männer, um mich zu holen, sie sagt, ich bin eine Hexe...

Dr. Netherton: Wo sind Sie, wenn die Sie holen kommen?

Ann: Ich zähme wilde Tiere... die Tiere fressen mir aus der Hand... Es gibt einen Wolf, der mir überallhin folgt... sie mögen mich alle...

Dr. Netherton: Was geschieht mit diesem Mann und seiner Verlobten?

Ann: Er hat ihr gesagt, daß er mich heiraten will... Sie beschuldigt mich, einen Zaubertrank gebraut zu haben, um ihr seine Liebe zu stehlen. Die Männer glauben ihr, nicht mir... sie bringen mich fort... Wir sind in Deutschland... in der Gegend des Schwarzwalds... *Walden*... das ist das deutsche Wort für *forest*. Ich sehe eine Bucht... Es ist lange bevor die Stadt Hamburg...

Dr. Netherton: Was geschieht jetzt?

Ann: Wir sind bei einem kleinen Schuppen... sie binden mir die Hände auf dem Rücken zusammen... Sie ziehen den Strick enger... sie haben ein Feuer angezündet...

Dr. Netherton: Was ist denn passiert?

Ann: Meine Rippen sind gebrochen, weil der Strick so eng gezogen wurde, sie ziehen ihn immer enger... er zerquetscht mich, zerquetscht meine Rippen.

Dr. Netherton: Fühlen Sie den Schmerz, der Ihnen zugefügt wird...

Ann: Meine Lungen... ich werde zerquetscht.

Dr. Netherton: Noch einmal.

Ann: Ich werde zerquetscht.

Dr. Netherton: Noch einmal.

Ann: Ich werde zerquetscht.

Dr. Netherton: Was fühlen Sie als nächstes?

Ann: Hoffnungslos. Er wird mich nie lieben. . . Ich werde nie wie eine normale Frau leben können. . .

Dr. Netherton: Das nächste, das Sie spüren. . .

Ann: Ich habe Angst. Ich brenne. . . Ich hoffe, sie brechen mir erst das Genick, damit ich nichts spüre. . . Ich kann die Hitze fühlen. . . Ich fange an zu schreien. . . Ich muß hier raus. Ich kann's nicht aushalten. . . Das Feuer kriecht überall an mir hoch.

Dr. Netherton: Was fühlen Sie jetzt?

Ann: Nicht sehr viel, nur das Feuer, ich verbrenne. . . schließlich sterbe ich. . . ich bin erleichtert. . .

Dr. Netherton: Wenn Sie laut schreien könnten, was würden Sie sagen?

Ann: Ich sterbe. Ich verlasse den Körper, ich weiß, daß ich ihn verlasse. . . aus ihm herausgehe. . . Ich möchte mich so gern ausruhen. . .

Dr. Netherton: Wenn Sie den Körper verlassen, der verbrannt und gehängt wurde, nehmen Sie irgend etwas mit?

Ann: Etwas – während ich noch brenne. Ich bin wütend auf den Mann, der mich heiraten sollte. . . er verließ mich in einem so entscheidenden Moment.

Dr. Netherton: Beachten Sie die parallele Situation. Auch die Männer, mit denen Sie in *diesem* Leben befreundet sind, verlassen Sie alle in einem entscheidenden Moment. Haben Sie jenen Körper jetzt verlassen und auch keinerlei innere Bindung mehr an ihn?

Ann: Ja.

Dr. Netherton: Gut. Sagen Sie, was sich als nächstes entwickelt. Was registrieren Sie als erstes?

Ann: Sie ist traurig.

Dr. Netherton: Noch einmal.

Ann: Sie ist traurig. Es ist meine Mutter. Sie liegt im Bett, aber sie kann sich nicht entspannen.

Jetzt ist Ann auf ein Ereignis aus der pränatalen Zeit ihres jetzigen Lebens gestoßen. Damit kommen wir zu einem ganz wesentlichen Teil der Sitzung. Die früheren Leben, die der Patient wiedererlebt, scheinen einander seltsam zu ähneln – in Anns Fall durch die wiederholte Situation des Erdrückt- und Erschlagenwerdens und den wiederholten Verrat von Männern. Die Entscheidung, welche Probleme das Leben eines Patienten beherrschen werden, wird während der pränatalen Phase, der Geburt und der frühen Kindheit dieses Lebens getroffen. Ann hatte möglicherweise eine ganze Reihe von ziemlich problemlosen Leben geführt und war viele natürliche, verhältnismäßig schmerzlose Tode gestorben; aber wenn nichts während der pränatalen Zeit, der Geburt oder der frühen Kindheit diese Leben restimuliert, können sie auch keinen positiven Einfluß ausüben oder abgerufen werden.

Kein Ereignis aus einem früheren Leben kann vollständig gelöscht werden, bevor man nicht in der pränatalen Phase, bei der Geburt oder während der Kindheit des gegenwärtigen Lebens den »reaktivierenden Auslöser« gefunden hat. Darum beschäftigen wir uns gegen Ende fast jeder Sitzung mit diesen Lebensabschnitten.

Dr. Netherton: Wiederholen Sie genau, was Sie hören. Wenn sie [die Mutter] laut spräche – was würden wir hören?

Ann: Sie liegt auf dem Rücken, aber das Baby ist so schwer. Sie hat das Gefühl, erdrückt zu werden, und dreht sich auf die Seite.

Dr. Netherton: Was denkt sie jetzt?

Ann: »Ich bin schwanger – wie sinnlos! Von einem Mann, den ich nicht liebe, wir sind beide groß und schwerfällig, und das Baby wird es auch sein. Niemand wird es je lieben.«

Dr. Netherton: Wiederholen Sie.

Ann: »Niemand wird sie je lieben.«

Dr. Netherton: Gut. Was erscheint als nächstes?

Ann: Enge. Meine Rippen werden gequetscht. Wieder

das Erdrücktwerden. Dasselbe Erdrücktwerden. Eine Stimme sagt: »große wunderschöne Augen«, aber alles, was ich fühle, ist dieser Druck. Ich kann nicht atmen. Es wird jetzt leichter, aber ich habe Angst. Es wird jetzt leichter. Es ist sehr hell. Ich habe Angst. Es ist der Kreißsaal. Ich bin gerade geboren.

Dr. Netherton: Gut. Spüren Sie noch irgendeine Bindung an etwas, das wir durchgearbeitet haben? Sehen, hören oder fühlen Sie irgend etwas, das Sie weiter an diese Vorfälle bindet?

Ann: Nein.

Dr. Netherton: Und wie fühlen Sie sich jetzt?

Ann: Sehr ruhig. Sehr... (sie öffnet die Augen). Ich fühle mich wohl. Sehr gelassen, ruhig.

Jetzt ist Ann wieder ganz in der Gegenwart. Ihr Unbewußtes hat sich zurückgezogen. Die Sitzung ist beendet. Um den Besuch abzuschließen, bespreche ich mit einer Patientin wie Ann vielleicht noch die Verbindung zwischen ihrer pränatalen Zeit bzw. ihrem Geburtserlebnis und den Ereignissen aus früheren Leben, die sie »durchlaufen« hat. In der oben geschilderten Sitzung war Ann bereits lange genug in Behandlung gewesen, um den Zusammenhang selbst zu sehen.

Der Fötus ist während seiner Entwicklung völlig von den Empfindungen der Mutter beherrscht, die ihn trägt. Er hält die Gefühle der Mutter für seine eigenen. Als Anns Mutter glaubte, sie würde von dem Gewicht des wachsenden Embryos erdrückt, hatte dieser das Gefühl, er selbst würde erdrückt. Dieses Ereignis löste die Erinnerung an das Lebendig-begraben-Werden aus, ebenso wie der Gang durch den Geburtskanal, wo das Baby das überwältigende Gefühl hatte, von der Scheidenwand erdrückt zu werden.

Das Wiederauftauchen der Erinnerung an die Vergewaltigung durch den Priester ist etwas schwerer zu verstehen, wenn man die Bedeutung der Sätze nicht voll begreift. In dem früheren Leben hatte Anns Mutter auf die Vergewaltigung reagiert, indem sie (im Hinblick auf den Verlobten) sagte: »Er wird dich jetzt *nie mehr* lieben.« Dieser Satz wurde für Ann zum Kristallisationspunkt ihres Vergewaltigungstraumas. In der pränatalen Phase ihres gegenwärtigen Lebens dachte ihre Mutter: »Niemand wird sie *je* lieben.« Die Übereinstimmung der beiden Sätze, beide von Müttern gesprochen, beide mit derselben traumatischen Implikation behaftet, beide aus ähnlichen Worten bestehend, ließ die Vergewaltigungsszene wieder aus dem Unbewußten auftauchen. In ihrem gegenwärtigen Leben wurde die Vergewaltigung bei jedem Geschlechtsakt unbewußt reaktiviert, der daher stets Schmerz, Frustration und Schuldgefühle zur Folge hatte.

Jede Beziehung, die Ann einging, löste erneut dieses Gewirr von Hoffnungslosigkeit und Verzweiflung aus. Ihr ständig wiederholter Satz »Es ist sinnlos« war zur *self-fulfilling prophecy* geworden.

Innerhalb einer bemerkenswert kurzen Zeit verschwand dieses Gefühl der Sinnlosigkeit. In der nächsten Woche kam Ann schon früh in meine Praxis. Die Veränderung, die mit ihr vorgegangen war, erinnerte mich an jene romantischen Filmszenen, wo unscheinbare Mädchen ihre Brille abnehmen und plötzlich zu hinreißenden Schönheiten erblühen. Ihr Gang war selbstbewußter und ihre Kleidung farbenfroher, ihre Sprache freier und ihr Lächeln offener. Ich wußte, warum: Vom Vergewaltigungstrauma befreit, hatte sie zum ersten Mal in ihrem Leben Freude am Sex gehabt.

Die Veränderung war höchst dramatisch, aber noch nicht vollkommen. Obwohl sie keine Schmerzen mehr beim Liebesakt spürte, mußte Ann noch viel tun, um ihr frisch erworbenes Selbstvertrauen zu festigen. Die Reinkarnationstherapie ist eine ausgesprochen »problemorientierte« Technik. Jedes einzelne Symptom muß gewissenhaft durchgearbeitet werden. Keine Sitzung endet damit, daß ein Patient plötzlich ein vollkommen ausgeglichener Mensch ist;

aber mit jedem innerlich bewältigten und damit sozusagen ad acta gelegten Problem kommen wir seiner inneren Sicherheit und Gesundheit einen Schritt näher.

Die Methode

Anhand des hier wiedergegebenen Sitzungsprotokolls lassen sich die vier grundlegenden Elemente der Reinkarnationstherapie aufzeigen; diese vier bilden das Rückgrat der Methode.

Punkt eins: Abrufen von Daten aus dem Unbewußten bei vollem Bewußtsein des Patienten. Da das Unbewußte sich in diesem Fall freiwillig, also ohne jede Hypnose-Einwirkung, mitteilt, weiß der Patient stets, wo er ist, wenn er die vergangene Erfahrung wiedererlebt.

Punkt zwei: intensive Reaktivierung des erlittenen Schmerzes und des emotionalen Traumas. Schritt für Schritt sammele ich Einzelheiten über den Tod eines Patienten, der sich diesem Todeserlebnis bedingungslos überlassen muß, da ein Ereignis nur auf die gleiche Weise aus dem Unbewußten entfernt werden kann, wie es hineinkam. Man kann sich vom Todesschmerz nur lösen, wenn man ihn wirklich fühlt.

Während der Patient das Trauma erneut durchlebt, wird irgendwann einmal der Satz fallen, der den Abruf des Ereignisses ursprünglich ausgelöst hat – der Satz, mit dem wir die Sitzung beginnen. Er mag in verschiedenen Variationen auftauchen, aber jedesmal, wenn der Patient ihn verwendet, lasse ich ihn die Worte so oft wiederholen, bis er sich von dem Trauma trennt, das damit verbunden ist. Dieser Wiederholungs- und Ablösungsprozeß ist der dritte Schritt. Die erste Wiederholung eines Satzes – zum Beispiel »Es ist hoffnungslos« – macht dem Betreffenden bewußt, wie die Vergangenheit die Gegenwart beeinflußt. Beim zweiten Mal spürt er das »Emotionsfeld« dieses Satzes. Bei der dritten Wiederholung klingt die Stimme neutral, unbeteiligt, und die Ereignisse werden jetzt genau in der richtigen Perspektive gesehen.

Während des vierten und abschließenden Teils der Behandlung wird versucht, Erfahrungen und Sätze aus der pränatalen Phase und der Kindheit sowie Eindrücke von der Geburt aufzudecken, die die Erinnerung an entsprechende Erlebnisse aus den früheren Leben ausgelöst haben.

Das Thema jeder Sitzung wird bestimmt vom jeweiligen Problem, das der Patient anspricht, wenn er in meine Praxis kommt. Unweigerlich bringt uns das Problem, dem wir dann nachgehen, zurück zu denselben Mustern, die wir in seiner Kindheit finden und die über das Geburtserlebnis bis in die pränatale Zeit zurückreichen. Im Durchschnitt dauert eine Sitzung etwa zwei bis zweieinhalb Stunden.

Die Therapie erstreckt sich, bei einer Sitzung pro Woche, meist über drei Monate. Manche Patienten kommen danach von Zeit zu Zeit wieder, aber keiner ist jahrelang – oder über einen kürzeren Zeitraum täglich – bei mir in Behandlung.

Im Rahmen meiner Arbeit beschäftige ich mich mit praktisch allen menschlichen Verhaltensproblemen, von sexuellen Schwierigkeiten und schweren Phobien bis hin zu Störungen, die manchem als geringfügig erscheinen mögen, wie chronische Erkältungen, Migräne und Stottern. Aber auch Krankheiten, die normalerweise jenseits der üblichen psychologischen Behandlung liegen, wie Krebs und Epilepsie, habe ich mit Erfolg therapiert.

Indem ich nun eine ganze Reihe von Fallbeispielen anführe, möchte ich sowohl das Interesse auf die Reinkarnationstherapie lenken als auch neue Erkenntnisse über das Wesen von psychischen Störungen vorlegen.

Der Leser wird feststellen, daß auch diese Therapie keine Wunderkur ist und ich kein »Wunderheiler« in irgendeinem Sinne des Wortes bin. Der Patient ist für seine Gesundung selbst verantwortlich. Er kann, durch intensive harte Arbeit und Konzentration, die Vergangenheit überwinden und sie daran hindern, die Gegenwart zu beherrschen – der erste und wichtigste Schritt auf dem Weg zu wahrer, freier Selbstverwirklichung.

DIE ENTDECKUNG FRÜHERER LEBEN

Ich glaube, daß in gewisser Weise jede Krankheit psychischen Ursprungs ist. Die vorliegenden Fallgeschichten sind geeignet, diese Behauptung zu stützen. Ich beginne mit einem Fall von Klaustrophobie, einer Krankheit, die im allgemeinen als rein psychisch bedingt betrachtet wird, und schließe mit einem Fall von Gebärmutterhalskrebs, einer Krankheit, von der die meisten Ärzte sagen würden, sie sei rein physiologischer Natur. Indem ich mich zwischen beiden Extremen bewege, versuche ich zu zeigen, wie das Unbewußte Funktionsstörungen des Körpers hervorruft.

Bei einigen Fallberichten habe ich die Ergebnisse mehrerer Sitzungen in komprimierter Form dargestellt, um dem Leser ein gegebenes Problem zu verdeutlichen, das während der Behandlung natürlich im Laufe vieler Sitzungen durchgearbeitet wurde. Wenn manchmal der Eindruck entsteht, die Symptome eines Patienten seien schon nach einer oder zwei Sitzungen verschwunden, dann liegt das lediglich an dieser Art der Darstellung und nicht an irgendeiner ominösen Wunder-Wirkung der Reinkarnationstherapie. In jedem der hier vorgestellten Fälle steckt die Arbeit von durchschnittlich zwei bis drei Monaten.

»Ich kriege... keine Luft!«

Jeder normale Mensch leidet unter einer ganzen Reihe von kleineren Ängsten. Ich möchte annehmen, daß niemand gänzlich frei davon ist. In den meisten Fällen stören sie unser Leben nicht ernsthaft, obwohl sie ganz schön lästig sein können. Manche Leute haben eine Abneigung gegen das Telefonieren, gegen Kleiderkäufe, gegen das Autofahren oder andere Notwendigkeiten des Alltags. Etwas ernster sieht die Sache aus, wenn man bestimmte Speisen verabscheut oder nicht an überfüllten Orten warten kann. Wir leben mit diesen Phobien, weil es weniger unangenehm ist, sie zu ertragen, als sich mit ihnen auseinanderzusetzen.

Bei manchen Menschen steigert sich die Angst jedoch buchstäblich zur Panik, wenn sie in eine Menschenmenge eingekeilt werden oder gezwungen sind, von großer Höhe herabzuschauen. Diese Menschen sehen dann oft ein, daß sich in ihrem Leben Entscheidendes ändern muß, wenn sie Herr ihrer Ängste werden wollen. Der Geschäftsmann, der seine Verabredungen nicht höher als im vierten Stock treffen kann, die Hausfrau, die keinen Schritt mehr vor die Tür zu setzen wagt aus Angst, in einen überfüllten Bus zu geraten – diese Menschen führen wahrlich ein zerrissenes Leben und suchen daher oft bei einem Therapeuten Rat.

Die meisten können sich überhaupt nicht erklären, was mit ihnen los ist. Anders als jemand, der an einem Magengeschwür oder an Migräne leidet und normalerweise spürt, daß seine Krankheit mit Nervosität oder Streß – mit psychischen Problemen also – zusammenhängt, hat der Phobie-

Patient keine Ahnung von den Hintergründen seiner Panik. In seinem Leben gibt es scheinbar nichts, was sie verursachen könnte. Für diese Patienten kann die Reinkarnationstherapie eine außerordentliche Hilfe bedeuten.

Unter Klaustrophobie versteht man gewöhnlich die krankhafte Angst vor kleinen, engen oder abgeschlossenen Räumen, eine Angst, die sich jedoch meist in einer ganzen Reihe verschiedener Symptome manifestiert. Als Corey Hopkins ihre erste Verabredung mit mir traf, beschrieb sie ihren Zustand als ein ständiges »Geschoben- und Gestoßenwerden«, ein »In-der-Patsche-Sitzen«, »unfähig, Luft zu holen«. Nie erwähnte sie ausdrücklich enge, abgeschlossene oder schmale Räume, aber als sie ihr tägliches Leben beschrieb, wurde klar, daß sie ständig Angst davor hatte, eingesperrt zu werden. Selbst im Freien überkam sie oft das panische Gefühl, daß »die Wände sich zusammenschieben«.

Sie war vierundzwanzig Jahre alt, hatte ein ziemlich eckiges Gesicht und einen breiten Mund. Ihre spontane, fast rebellische Art hätte auf Männer anziehend wirken müssen, aber ihr Liebesleben war unbefriedigend. Sie litt auf fast krankhafte Weise unter ihren kräftigen Hüften und Oberschenkeln, die zwar ein paar Pfund weniger gut vertragen hätten, aber auch keineswegs abnorm dick wirkten. Davon konnte man sie jedoch nicht überzeugen, und sie spürte, daß dieses »Minderwertigkeitsgefühl« ihre zwischenmenschlichen Beziehungen erschwerte. Im ersten Gespräch redete sie davon, »in Fett eingebettet« zu sein und »von (ihren) fetten Schenkeln nach unten gezogen zu werden«.

Corey war die Tochter eines Alkoholikers und einer konservativen, überaus religiösen Mutter; von beiden fühlte sie sich eingeengt. Die Spannungen innerhalb der Familie erreichten ihren Höhepunkt, als Corey sich mit einem schwarzen Vietnamveteranen einließ, und es kam zum Bruch. Dabei war sie selbst nicht mal in der Lage, diese Beziehung zu erklären. Sie behauptete, daß der Mann sie oft tätlich bedrohte und auszunutzen schien, indem er sie in erster Linie als Mittel zum Zweck betrachtete, sein eigenes angeschlagenes Selbstbewußtsein wiederaufzurichten. Trotz des Gefühls, »wie ein Besitz« behandelt zu werden, schien Corey ihn aber nicht aufgeben zu können und dachte sogar an Heirat. Ihr unterwürfiges Verhalten befriedigte sie auf eine krankhafte Art, was wiederum ihr psychisches Elend nur noch vergrößerte.

Die Firma, für die Corey arbeitete, machte zu, und sie war mit den Aufräumearbeiten beschäftigt. Als sie das Auflösen dieses einst weitverzweigten Betriebes beschrieb, bekam ich zum erstenmal eine Ahnung von der Labilität ihres Zustandes.

In den folgenden Protokollen habe ich oft meine Routinefragen weggelassen und Coreys Antworten in Abschnitten zusammengefaßt, um den Leser nicht unnötig zu ermüden; auf jeden Fall wurde nichts von Bedeutung weggelassen.

. . .Es war ein schreckliches Durcheinander. Ich schaute auf all die Papiere und Schachteln und Akten und fing einfach an zu schwanken. Ich dachte: »Mein Gott, das schaffe ich nie. Ich werde da nie Ordnung reinbringen.« Es kam mir vor, als ob ich von dem Durcheinander herumgestoßen würde. Ein paarmal mußte ich den Raum verlassen, um spazierenzugehen, und selbst dann spürte ich, daß ich den Atem anhielt, bis ich fast ohnmächtig wurde. Ich konnte mich einfach nicht in den Griff bekommen.

Ich bat Corey, sich hinzulegen und das Gefühl, herumgestoßen zu werden, und die Angst, keine Luft zu bekommen, auf sich wirken zu lassen. Ich wiederholte mehrmals die Worte, mit denen sie ihre Gefühle beschrieben hatte.

»Wenn Sie gestoßen und geschoben werden, wenn Sie nach Luft ringen, wo sind Sie da? Hören Sie Stimmen? Einen Satz, ein Wort?«

Ein eigenartiger Ausdruck ging über Coreys Gesicht, als sie den Satz aussprach: »Ja, das ist mein Haus. Ich denke, hier muß ich wohl leben.«

Der Satz kam aus dem Nichts und ergab im Zusammenhang unseres Gesprächs eigentlich keinen Sinn. Ich wußte, daß Corey etwas gefunden hatte, worauf wir aufbauen konnten, aber ich wußte nicht, was.

»Wer sagt das?« fragte ich.

»Ich. . . niemand sagt es, ich glaube, ich denke es. . . Ein Mann hält mich. Bei den Schultern. Er ist es. Er ist es. Er sagt. . .: ›Dies ist dein Haus, du wirst dich schon daran gewöhnen.‹«

»Wo sind Sie?«

Ich blicke auf einen großen. . . Verschlag. Nicht so hoch wie ich und. . . Oh, mein Gott, davon spricht er. Von diesem großen Verschlag. Ich muß darin *leben*. Er öffnet die Tür, stößt mich, und ich falle hinein. Er wirft die Tür hinter mir zu, und ich höre ihn weggehen. . . »Viel Spaß« – er sagt es so kalt, als ob. . . es ihm überhaupt nichts bedeutet.

Corey beschrieb die Form des Verschlags genau, konnte aber sonst nichts über sein Aussehen sagen, da sie sich in völliger Dunkelheit befand. Ihre Versuche auszubrechen waren vergeblich.

Ich fange an zu schreien, schlage mit den Fäusten, aber ich bin allein, glaube ich. Ich breche in einer Ecke zusammen, hingekauert – es gibt keine Möglichkeit, mich ganz auszustrecken, in keine Richtung. Ich krümme mich in einer Ecke zusammen, wimmere vor mich hin. Stunde um Stunde, schließlich ein Lichtspalt. . . Ich springe auf und hämmere an die Wand, aber es ist die Sonne. Die Sonne geht auf. Ich weiß nicht, wie lange das alles dauert. Ich trommele mit beiden Fäusten und falle hin und stehe wie-

der auf und trommele weiter. Ich kann nicht stillhalten, es
ist wie... meine Glieder zittern. Ich bin in Panik.

Nach langer Zeit, so erinnerte sich Corey, brachte ihr jemand
einen Keks und ein Glas Wasser und zog sie aus dem Verschlag, wo sie offensichtlich die Nacht zugebracht hatte. Ein
großer uniformierter Mann führte sie und eine Gruppe anderer
Frauen zu einer runden, öffentlichen Dusche. Jetzt endlich erhielten wir Klarheit über Coreys Lebensumstände.

Ich bin... schwarz, ich bin schwarz. Mit einem Brandmal
auf der linken Schulter. Sie lassen uns in diesem Raum
wieder und wieder im Kreis gehen, besprühen uns aus
Düsen, und es gibt... sieben, glaube ich, sieben Gänge,
die in diesen Raum führen – wie die Speichen eines Ra-
des. Immer mehr Frauen drängen herein, aber es tut gut,
so zu gehen. Ich kann mich endlich strecken, und es
kommt mir vor, als ob ich ewig so laufen könnte. Ich
bin... eine Sklavin, aber ich weiß nicht, wo... Man hatte
mich an einen Mann für Arbeiten im Haus verkauft, aber
alles, was er wollte, war... mich sexuell zu mißbrauchen... mich zu vergewaltigen. Er jagte mich herum, aber
ich wollte es nicht zulassen, und jetzt bin ich hier. Ich weiß
nicht warum, vielleicht wurde ich zurückgekauft? Wir
sind jetzt sehr viele, und mein Schritt wird langsamer. Ich
glaube, sie wollen uns Bewegung verschaffen, aber es ist
zu voll; Frauen strömen aus den Gängen herein, und ich
komme nicht mehr vorwärts.

Als Corey die Menge beschrieb, die sich in dem Bad um sie
herum sammelte, fing sie an, sich auf meiner Couch unruhig
hin und her zu werfen, und zeigte alle Anzeichen einer bevorstehenden Panik. Ihr Rücken bäumte sich plötzlich auf,
und sie war jetzt völlig mit ihrer früheren Erfahrung beschäftigt. »Was passiert?« fragte ich.

Ein Mädchen tritt mir auf den Fuß, und ich stoße sie weg. Ich sage: »Verdammt noch mal, laß mich in Ruhe, hau ab!« Jetzt kämpfen sie, ein Handgemenge bricht aus, wir schwanken alle, und die Männer schauen lachend zu, aber ich weiß nicht, was ich tun soll. Ich versuche nur herauszukommen. Da sind all diese Körper, und ich bin mitten drin. Ich versuche nur, mich heraus- und heraufzuziehen, aber ich werde von den am Boden Liegenden hinabgezogen. . . Jemand. . . alle klammern sich an meine Beine und ziehen mich hinunter – sie fassen mich um die Taille.

Diese letzte Aussage, die recht banal und bedeutungslos klingen mag, ist jene Art Schlüssel, den ein geübter Reinkarnationstherapeut aus der ganzen Szene herausgreift. Coreys übertriebener Kummer wegen ihrer schweren Schenkel und Hüften stand offensichtlich in irgendeinem Zusammenhang mit ihrer Klaustrophobie, und hier war das Verbindungsglied: eine Panik in einem früheren Leben, ausgelöst dadurch, daß sie an Taille, Hüfte und Schenkeln in eine Menschenmenge hinuntergezogen wurde. Sie fährt fort:

Die Männer haben ihren Spaß gehabt, jetzt lassen sie ihre Peitschen sprechen, um uns wieder in Reih und Glied zu bringen. Wir schauen auf, als sie schreien, und dann ist es plötzlich ganz still. Die Frau, die ich gestoßen habe, zeigt auf mich und schreit: »Die war's, die war's!«, und zwei Männer ergreifen mich. Jemand hinter mir, ein Mann, sagt sehr ruhig: »Steckt sie in den Verschlag.« O Gott, nicht noch einmal, nicht noch einmal.

Corey wurde für unbestimmte Zeit wieder in den Verschlag gebracht. Sie erinnerte sich, daß das Licht kam und ging, die Tage verstrichen. Natürlich war sie auch gezwungen, sich in ihrer winzigen Zelle zu erleichtern, und sie empfand es als unerträglich, in ihrem eigenen Kot zu leben. Immer wieder versuchte sie, so lange wie möglich den Atem anzuhalten, mußte aber schließlich doch diese stinkende, widerliche Luft tief einatmen, um am Leben zu bleiben. Damit stießen wir auf ein weiteres Symptom in ihrem jetzigen Leben. Als Corey berichtete, wie sie ihr »schmutziges« Büro saubermachte, war es ihr schwergefallen zu atmen. Ihre ganze krankhafte Angst vor Verrichtungen, die die meisten Menschen für völlig normale Arbeiten halten würden, beruhte auf Erfahrungen wie den gerade beschriebenen.

Das Ende ihres Sklavenlebens entpuppte sich als ein klassischer klaustrophober Alptraum:

Man hat uns auf ein Schiff geschafft... zu Hunderten, hinunter in einen engen Raum, derselbe schreckliche Gestank, das Stöhnen, die Dunkelheit... dunkel, Tag und Nacht. Dann kommt Licht von oben, es blendet... Es ist vielleicht gar nicht so hell, aber ich habe so lange keines gesehen... und ein Mann schreit: »Bringt sie rauf! Bringt sie raus!« Ich weiß nicht, was passiert, aber ich höre ein ungeheures Krachen, wie eine Explosion, aber es ist zerberstendes Holz. Wasser dringt von unten herein, mein Gott, das Wasser, wir winden uns verzweifelt... Ich bin eingezwängt, ich kann weder Arme noch Beine bewegen... Es ist schrecklich... eingezwängt, und das Wasser steigt, ich kann es sehen... das ist alles, was es für mich noch gibt. Es verbrennt mir die Lungen, ein brennendes Gefühl, nicht als ob alles naß wäre, nur ausdörrend, versengend, und ich bin weg. Weg.

»Verlassen Sie Ihren Körper?« fragte ich Corey.

»Ja«, erwiderte sie. »Ich bin nicht mehr da. Das ganze Wrack, es treibt unter mir.«

»Wo sind Sie jetzt?«

»In einer... Hütte. Heißes Klima... ich sehe nichts, was ich erkenne... Es muß ein sehr primitives Volk sein.«

Corey beschreibt ein Leben, das aller Wahrscheinlichkeit nach vor ihrem Sklavendasein lag. Sie erinnert sich an nichts aus diesem Leben – nur an sein Ende. Während sie in ihrer Hütte saß und sich über die Abwesenheit ihres Mannes und ihres Sohnes ärgerte, die auf die Jagd gegangen waren, wurde die Gegend von einem Erdbeben heimgesucht, und Corey sprang auf, um aus dem einstürzenden Gebäude herauszurennen.

Aber der Boden bricht auf, und es. . . holt mich ein. Ich versinke, die Erde stürzt über mir zusammen, drückt mich herunter, zieht mich herunter, während ich um mich stoße und hochklettere. Ich strenge mich so an. . . aber ich sinke! Sie ist überall um mich herum, auf meinem Kopf und im Gesicht. . . Ich werde nie mehr atmen, nie mehr. . . Ich kriege. . . keine Luft. Ich keuche. . . keuche. . . und atme Erde. Keine Luft.

Wieder spielten wir eine Szene durch, die für Corey beherrscht war von dem Gefühl zu ersticken. Der Versuch, aus einem zusammenbrechenden Gebäude (wie aus ihrem Büro) zu fliehen, weckte in ihr Todesangst, verbunden mit dem Gefühl, an Schenkeln und Hüften nach unten gezogen zu werden. Dieser Vorfall verstärkte das klaustrophobe Muster – die ständige Drohung, plötzlich irgendwo eingeschlossen zu werden, die sich in ihrer Vorstellung vor allem auf Schenkel und Hüften konzentrierte.

Ein winziges Detail aus Coreys Beschreibung erwies sich als Ausgangspunkt für die zweite Phase ihrer Therapie. Sie hatte gesagt, daß kurz vor dem Erdbeben ihr stärkstes Gefühl Ärger über ihren Partner war. Er war zum Jagen gegangen und hatte sie allein gelassen; indem sie zu Hause blieb, erfüllte sie praktisch seinen Willen. Und in ihrem Sklavendasein war sie auf die Gnade einer Gruppe von Männern angewiesen gewesen, die bestimmten, wann sie bestraft wurde und wann sie frei herumlaufen durfte. Als ich in einer der Sitzungen auf die Gefühle zu sprechen kam, die Corey ihrem dominierenden Freund gegenüber hegte, stießen wir auf wichtige Verstärker für ihr Gefühl, von Männern beherrscht zu sein.

Corey erlebte einen Vorfall in Frankreich wieder, wo sie als Prostituierte für einen Zuhälter-Freund arbeitete, der sie mit Heroin versorgte, ihr aber nie Geld gab. Ein mysteriöses Bild, das in dieser Sitzung immer wiederkehrte, zeigte ein herumwirbelndes, handbetriebenes Karussell, auf dem im Hintergrund eine Kalliope spielte. Corey fuhr eine Runde nach der anderen, während der Zuhälter sie mit einer groben Nadel in den Arm stach und dann einen Lederbeutel voll Heroin auf die offene Vene ansetzte.

Dabei empfand sie ein krankhaftes Entzücken, eine Art Ekstase, die erklärte, warum sie manchmal ganz zufrieden war, mit diesem Mann zusammen zu sein, von dem sie wußte, daß er sie ausnützte. Aber langsam machte sie Fortschritte, Corey verlor das Gefühl der eigenen Wertlosigkeit, und die Abhängigkeit von ihrer gegenwärtigen Beziehung wurde schwächer.

Durch mühevolle Arbeit und geduldiges Wiederholen der Kernsätze löste sich Corey völlig von dieser künstlich herbeigeführten Euphorie. Es wurde ihr klar, daß ihre Neigung zur Unterwürfigkeit unbewußt mit einer Art perverser, kurzlebiger Glückseligkeit verbunden war. Wenn Corey davon loskam, würde sie damit ihre gegenwärtige Beziehung aufs Spiel setzen, das wußte ich. Sie trennte sich von ihrem Freund; es fiel ihr wahrlich nicht leicht, doch das Ergebnis war eine enorme Steigerung ihres Selbstwertgefühls und die Freiheit, wertvollere Beziehungen einzugehen.

In der pränatalen Phase von Coreys gegenwärtigem Leben stießen wir auf die ständige Sorge der Mutter, das Haus sei zu klein, um noch ein weiteres Kind darin unterzubringen. Obwohl dieses Problem viel tiefer liegende Ängste vor dem neuen Familienzuwachs verdecken mochte, schien sich Mrs. Hopkins ganz auf diese eine Vorstellung zu konzentrieren. Für sie war das zu kleine Haus die Ursache ihres ganzen Unglücks. Corey erinnerte sich, wie die Mutter während der Schwangerschaft erschöpft von der Sommerhitze auf der Wohnzimmercouch lag und sich kaum bewegte.

»Wir haben keinen Platz dafür«, war ihr ständiger Gedanke. »Das Haus ist zu winzig, es herrscht immer ein solches Durcheinander, wenn nur ein Ding nicht an seinem Platz liegt. Wenn es noch voller wird, wird alles drunter und drüber gehen, ich kann keine Ordnung mehr halten. Es schaut ohnehin schon die meiste Zeit so aus, als ob ein Erdbeben gewütet hätte.«

Offensichtlich wurde während der letzten Schwangerschaftsmonate am Haus gebaut, und der Lärm machte es Coreys Mutter unmöglich, sich richtig auszuruhen. Sie lag immer da, hielt sich die Ohren zu und dachte: »Ich werde hier noch verrückt. Ich muß hier raus. Ich muß jetzt weg.«

Diese Gefühle beherrschten die Entwicklung des Fötus. Die neun Monate Schwangerschaft vergingen in einer zunehmend bedrückender werdenden Atmosphäre. Hitze, Lärm und die mehr oder weniger unbewußten Widerstände der Mutter gegen das Kind – all das kämpfte miteinander um Aufmerksamkeit.

Coreys lebhafteste Erinnerung galt ihrer Geburt. Weil der Geburtshelfer mit einer Notgeburt beschäftigt war und sich bei Coreys Mutter verspätet hatte, redeten die anwesenden Schwestern der Patientin gut zu, sich »zurückzuhalten«, sich »nicht gehenzulassen, bis der Doktor kommt«.

Hier treffen die beiden Hauptthemen aus Coreys Therapie zusammen. Im Augenblick vor ihrem Eintritt in die Welt beherrscht die Handlungsweise eines Mannes, des Doktors, die klaustrophobe Situation. Gegen ihren Willen im Schoß zurückgehalten, auf den Mann wartend, der sie »freigeben« würde, spielt Coreys Unbewußtes jede frühere Situation noch einmal durch, in der sie unter demselben Zwang gestanden hatte. Der Druck, das Gefühl, auf Befreiung zu warten, wird überwältigend. Schließlich wurde sogar die Vagina von Coreys Mutter in Eis gepackt, um die Geburt zu verlangsamen, und die beiden Schwestern hielten ihr die Beine zusammen. All das wurde beendet durch das Eintreffen des Arztes; die Geburt selbst verlief normal.

Unglücklicherweise war der Schaden aber bereits angerichtet. Coreys Geburtserlebnis hatte alles wieder ausgelöst: die Panik im Verschlag, ihr Ertrinken in einem Meer aus Menschen und Wasser, ihre Furcht vor einem »schmutzigen« Leben inmitten ihres eigenen Kots und das Grauen, durch ein Erdbeben lebendig begraben zu werden. Dies waren die Ereignisse, die ihr Leben beherrschten.

Wir kehrten in fast jeder Sitzung zu dieser Geburtsszene zurück und arbeiteten die verschiedenen Aspekte durch, denn gerade das Zusammentragen von Einzelheiten ist entscheidend. Corey begann, sich ihrer Umgebung besser anzupassen, und sie stellte fest, daß sie nicht mehr nach Luft rang, nicht einmal in schwierigen oder kritischen Momenten. Wie bereits erwähnt, löste sie die Beinahe-Verlobung mit dem dominierenden Freund, und obwohl sie sehr darunter litt, bewältigte Corey ihren Kummer auf rationale Weise, und es kam nicht mehr zu klaustrophoben Anfällen, wie das früher in einer vergleichbaren Situation der Fall gewesen wäre.

Obwohl sie über ihre starken Hüften nach wie vor nicht glücklich war, verlor dieser »Schönheitsfehler« mehr und mehr an Bedeutung, als sie merkte, daß er ihre privaten und beruflichen Beziehungen in keiner Weise beeinträchtigte. Ich bot ihr an, das Figurproblem in einer dritten Therapiephase zu behandeln, aber zu meiner großen Befriedigung fand Corey, daß die Sache doch zu banal sei. Zu diesem Zeitpunkt war sie meiner Obhut bereits glücklich entwachsen.

Der Pfahl im Fleische

Schon seit Jahrhunderten bemüht sich der Mensch vergeblich, den ursächlichen Zusammenhang zwischen emotionalem Streß und physischer Krankheit zu begreifen. Doch unsere Kenntnisse über deren zweifellos wechselseitige Beziehung sind nach wie vor gering und ungesichert. Die Vermutung, daß Menschen mit bestimmten emotionalen Verhaltensmustern oder bestimmten psychischen Problemen für Krankheiten wie Arthritis und Krebs besonders anfällig sind, stößt auch heute noch in weiten Kreisen auf wenig Zustimmung. Von dieser allgemeinen Skepsis gibt es nur eine große Ausnahme: Magengeschwüre.

Die Existenz von »typischen« Magenkranken anzuerkennen macht offensichtlich niemandem Schwierigkeiten. Ich bin fest davon überzeugt, daß in den kommenden Jahren erdrückende Beweise dafür erbracht werden können, daß es auch den »typischen« Krebskranken, den »typischen« Arthritiskranken und vielleicht sogar den »typischen« Erkältungskranken gibt. In späteren Kapiteln komme ich auf meine Behandlungen einer Krebspatientin und eines Epileptikers zu sprechen, deren Genesung rasche Fortschritte machte, nachdem wir die emotionalen Komponenten ihrer Krankheit aufgedeckt hatten. Die Reihe meiner Fallbeispiele möchte ich einfach deshalb mit einem Magenkranken beginnen, weil bei dieser somatischen Erkrankung weitgehend akzeptiert wird, daß psychische Probleme ihre entscheidenden »Auslöser« sind.

Carl Parson war groß, blaß und hatte hängende Schultern.

Er war Mitte Dreißig, als er zu mir in die Praxis kam, aber sein Fleisch zeigte die Schlaffheit eines viel älteren Mannes, obwohl er sehr schlank war. Während er mir seine Lebens- und Krankengeschichte erzählte, stieß er mit dem Fuß in einem leisen, schnellen Rhythmus gegen das Bein meines Schreibtischs; mit Daumen und Zeigefinger der rechten Hand schob er den Ehering am linken Ringfinger ständig auf und ab. Diesen nervösen Angewohnheiten entsprach eine unausgeglichene, abgehackte Sprechweise – kurze Wortausbrüche folgten auf lange Pausen.

Carl leitete einen schlechtgehenden Elektrobetrieb. Er war genau der »Typ«, der für Magengeschwüre anfällig ist. Besessen von der Idee, daß er »alles verlieren« würde, spürte Carl seit ein paar Monaten unterhalb der Magengrube Schmerzen; dazu kamen immer häufiger Schlaflosigkeit, Verdauungsstörungen und ein daraus resultierender Gewichtsverlust. Außerdem litt er oft an Impotenz – ein ungewöhnliches Symptom bei einem Magenkranken. Sein Arzt hatte eine ganze Reihe Tests mit ihm gemacht und festgestellt, daß der Magen noch nicht ernsthaft geschädigt war, was möglicherweise jedoch »nur eine Frage der Zeit sein könnte«. Seine Magenwände waren etwas gereizt, und ich wußte eigentlich nicht recht, was ich dagegen tun sollte. (Nie würde ich behaupten, daß die Reinkarnationstherapie verletztes Gewebe wiederherstellen oder irgendwelche anderen physischen Verletzungen des Körpers heilen kann.)

Mich interessierte jedoch Carls Impotenz; erstens weil sie, wie gesagt, ein höchst ungewöhnliches Symptom bei einem magenschwachen Patienten war, und zweitens, weil sie ganz offensichtlich zu seiner allgemeinen Misere entscheidend beitrug. Sie mochte, so dachte ich, tatsächlich die *Ursache* seines Problems sein und nicht ihr *Ergebnis*. Es stellte sich heraus, daß ich mich geirrt hatte, aber die sexuellen Schwierigkeiten standen dennoch auf interessante Weise mit seinen früheren Leben in Verbindung.

Ich fragte Carl, wie sich dieser Schmerz in den Eingeweiden denn anfühlte, den er fast täglich spürte.

»Es ist so, als würde mir ein heißer Schürhaken durch den Leib gestoßen«, erklärte er.

Mit diesem Satz begann unsere Sitzung.

»Nun, wenn jemand Sie mit einem heißen Schürhaken durchstoßen würde, was wäre Ihre erste Reaktion, ihre erste Empfindung?«

»Worte wie: ›Du Hundesohn!‹ Aber das sind nicht die tatsächlichen Worte... Ich höre einen Ton, eine... Stimme sagt etwas, aber... nicht ›Du Hundesohn‹, doch das ist gemeint, mehr oder weniger.«

Wir waren auf etwas gestoßen, vermutlich auf ein Ereignis, bei dem eine andere Sprache gesprochen wurde, und ich fragte Carl nach der Umgebung, nach seinem Eindruck von dem Ort, an dem er sich befand. Er begann, ein Dorf mit Strohhütten zu beschreiben, vielleicht irgendwo in Afrika oder Südamerika, heißes Klima, vor sehr langer Zeit.

Ich hatte versucht, dieses Mädchen zu gewinnen, ein dreizehn oder vierzehn Jahre altes Mädchen... zur Frau, aber mein... Rivale, mein geschworener Feind, er bekam sie... Die Stammesältesten hatten so entschieden. Er nahm sie, und sie haben eine Hütte in meiner Nähe. Ich höre sie in der Nacht stöhnen, wimmern, sie beleidigen mich mit ihrem... Lärm. Aber jetzt ist er weg... auf Jagd? In den Krieg? Ich weiß es nicht. Er ist nicht da, ich habe das Tuch vor dem Hütteneingang hochgehoben, und sie ist drin... Ich glaube, wir tragen keine Kleidung, jedenfalls tragen wir in dem Moment keine. Sie ist nicht... Ich glaube, sie weiß nicht, wie sie sich wehren soll... Frauen tun das hier einfach nicht. Ich, hm, lege mich auf sie drauf und wir bewegen uns auf ein paar Fellen am Boden hin und her. Aber jetzt... Licht! Jemand hat die Tür geöffnet – den Vorhang –, und ich werde weggezogen. Er

ist zurückgekommen! Mit seinem Speer, seinem Jagd-
speer. Er schreit: »Du Hundesohn!« auf... in einer anderen Sprache, aber das sind genau die Worte! »Du Hundesohn, du wirst nie mehr die Frau eines anderen beste-
gen!« Und er... er stößt mich quer durch den Raum; er
schwingt seinen Speer genau – !

In diesem Moment zuckte Carl auf der Couch, auf der er lag,
bis zurück zur Wand, und faßte sich an den Magen. Er fühlte
den Schmerz, den er jeden Tag spürte, aber jetzt hatte er
eine neue Erklärung dafür.

Er hat mich getroffen, genau hier in die Eingeweide, genau hier, und ich bin... er stieß ganz durch, und ich bin an
einen Pfahl genagelt, der die Hütte trägt. Jetzt faßt er hinunter und, oh, mein Gott, er schneidet ihn ab. Meinen Pe-
nis, er... aber ich kann es nicht fühlen, ich bin... ich glaube, ich stehe unter einem Schock. Oh, ich bin gelähmt.
Der ganze Schmerz sitzt in den Eingeweiden, weiter unten fühle ich nichts. Ich falle jetzt zusammen und fühle
nichts, ich... ich glaube... der Tod kommt jetzt. Es ist...
ich bin so überrascht von allem. Ich spüre keinen Schmerz
mehr.

Dann beschrieb Carl, was mit seinem toten Körper geschah:
Er wurde vom Pfahl gezerrt, an dem er festgenagelt war,
ausgeweidet und auf einem Scheiterhaufen verbrannt. Anders als die meisten meiner Patienten, die gewöhnlich Ereignisse aus dem nächsten oder einem anderen Leben berichten, wenn sie eine Todesszene geschildert haben, schien
Carl stets in der Lage zu sein, den Weg zu verfolgen, den sein
lebloser Körper über den Tod hinaus nahm. Offensichtlich
weigerte sich sein Bewußtsein, den Ort zu verlassen, an dem
sich der Körper befand, bis dieser ganz zerstört war. Ich
kann dieses Phänomen nicht erklären, aber es war bei jeder

Inkarnation so, auf die Carl während seiner Therapie stieß.

Mit dieser ersten Erinnerung hatten wir eine Verbindung hergestellt zwischen Carls Impotenz und seinen Magenschmerzen, aber die Szene fügte sich in keiner Weise in das Bild jener Probleme, die gemeinhin Magenleiden verursachen, wie etwa aktuelle geschäftliche und private Schwierigkeiten. Carl sprach weiter davon, »alles zu verlieren«, aber auch eine zweite Sitzung ergab keinen Hinweis auf eine finanzielle Misere oder gesellschaftliche Ächtung.

Carl fühlte sich in die pränatale Phase eines früheren Lebens zurückversetzt. Die Szene war eine interessante Wiederholung des ersten Ehebruchs, den er beschrieben hatte. In jenem Leben hatte seine Mutter ein Verhältnis mit einem anderen Mann, während sie mit ihm schwanger ging. Sein Vater überraschte die beiden, riß den Liebhaber von seiner Frau herunter und erstach ihn. Dann nahm er ein Schwert und erstach Carls Mutter – gleichzeitig aber auch den Fötus. Der war sofort tot, doch die Mutter lebte noch lange genug, um den Vater schreien zu hören: »Das wirst du mir nie wieder antun! Das wirst du nie wieder tun!«

Damit waren wir auf die Ursache für Carls sexuelles Problem gestoßen: Er hatte gelernt, daß er »es nie wieder tun« durfte. Er ging zu einem neuen Leben über, beschrieb ein hochherrschaftliches Landhaus in England mit einer Reihe von Dienstboten, die sich um ihn bemühten. Ich spürte, daß seine gegenwärtigen geschäftlichen Sorgen hier ihren Ursprung hatten.

Ich stehle mich die Treppe hinauf... die Hintertreppe, mit einer Frau. Sie trägt eine dieser... Sie wissen schon, eine von diesen Ballmasken, die man an einem Stock vors Gesicht hält... wir stolpern fast und kichern. Jetzt sind wir in meinem Schlafzimmer, und sie will, daß ich ihr beim Ausziehen zuschaue, Ohrring für Ohrring, es dauert so lang... Die Frauen hatten so... soviel an, soviel wallen-

des Unterzeug unter dem Kleid. Jetzt sind wir im Bett,
und ich liege auf ihr; ich bin auch nackt... und sie sagt mir
etwas ins Ohr...: »Wie kommt man sich vor, wenn man
die Frau eines andern vögelt?« Und, oh, Gott, plötzlich
bäume ich mich auf, mein Magen... er zieht mich hoch,
wie wenn ein Messer hineingestoßen worden wäre. Das
ist mein erstes Gefühl – sie hat mich erstochen – aber das
ist es nicht, ich bin es selbst. Der Schmerz, der Schmerz.

Carl hatte eine direkte Restimulierung eines früheren Vorfalls erlebt. Möglicherweise hatte er ein beginnendes Magengeschwür, das sich diesen bestimmten Augenblick aus-
gesucht hatte, um zuzuschlagen. Ich möchte jedoch eher behaupten, daß sein ehebrecherisches Verhältnis die Rückerinnerung seiner Erfahrung aus dem Stammesleben verur-
sachte. Als seine »Komplizin« flüsterte: »Wie kommt man
sich vor, wenn man die Frau eines andern vögelt?«, beant-
wortete sein Unbewußtes die Frage mit einem stechenden
Schmerz in der Magengrube. Mit anderen Worten, wir haben es hier mit einem früheren Leben zu tun, das von noch
früheren Leben beherrscht wird.

Die Frau, die nicht mit Carl zusammen angetroffen werden wollte, zog sich sofort an und ging. Carl blieb mit einem
stechenden Schmerz im Unterleib auf dem Bett liegen.
Schließlich kam ein Arzt, den einer der Diener gerufen hatte. Die Diagnose: Magendurchbruch und ein leichter Herz-
anfall. Er erholte sich nie wieder ganz, und in der Zeit, wo
seine Investitionen sorgfältige und erfahrene Betreuung gebraucht hätten, blieb er als Rekonvaleszent ans Bett gefesselt, und seine Angelegenheiten gerieten ihm außer Kontrolle.

Als er später den finanziellen Schaden feststellte, war er
dem Ruin gefährlich nahe. Der Arzt hatte ihm Belladonna
verschrieben, das Carl in immer größeren Dosen nahm. Besessen von der Vorstellung, sein Vermögen zurückzugewin-

nen, fing er an, überall im Haus Bargeld zu verstecken, aus Angst, die Steuer könnte es ihm wegnehmen. Schließlich fragte er gar Wahrsager und Kartenleser um Rat, wie er sein Geld am besten anlegen sollte. Eines Tages überredete man ihn, eine große Summe Bargeld zu einer Séance bei einem »Medium« mitzubringen.

In einem Zimmer... überall hängen Tücher – ich habe einen bestimmten Verdacht – dieser Abend, es muß ein Betrug sein. Die Frau trägt ein Tuch über dem Kopf und imitiert die Stimmen von Toten... Ich habe ein ungutes Gefühl im Magen... sie hat mein ganzes Geld, und das ist... Unsinn, was sie uns da vormacht, ich schaue mich im Zimmer um, all diese Leute mit ihren Hoffnungen, die auf... diese verrückte Frau... gerichtet sind... und es wird mir klar, was aus mir geworden ist.

Ich stehe auf, um wegzugehen, nehme Hut und Mantel, mitten in irgendeinem Blödsinn, den sie gerade aufführt, und setze mich draußen in einen Wagen. Ich habe das Ganze unterbrochen, aber jetzt bin ich draußen... ich gebe dem Kutscher meine Adresse... es ist... Queensgate Gardens, irgendwo, Queensgate Gardens Nr. 14. Aber er fährt in eine Art Sackgasse hinein, und bevor ich mich vorlehnen kann und fragen, was los ist, sind zwei Männer in der Droschke, drücken mir einen Stock in den Bauch und sagen: »Dein Geld, her damit«, irgend etwas in dieser Art, und ich habe fast nichts mehr übrig, ich habe alles dieser Frau gegeben. Der Stock drückt mich zurück in die Wagenecke, sie durchsuchen mich, ein paar Münzen sind alles, was sie finden. Ich fühle den Schmerz, den Schmerz, er ist immer da, er steigt brennend in meinen Eingeweiden auf. Jetzt bin ich auf der Straße. Ich glaube... sie haben mich rausgeworfen. Sie sind weg. Ich laufe... so gut ich kann... laufe nach Hause.

Carls Bericht ging über zu einer Szene in seinem Arbeitszimmer, am Kamin, ein Hund zu seinen Füßen. Viele
Räume in seinem Haus wurden nicht mehr benutzt, um die
Heizungskosten zu senken, und die ganze Dienerschaft war
auf einen Diener reduziert worden.

Es ist nichts mehr übrig, denke ich, und schaue ins Feuer.
Ich bin. . . irgendwie bin ich im entscheidenden Moment
vom Weg abgekommen. Jetzt ist überhaupt nichts mehr
da von all dem, was ich aufgebaut habe – nur das Belladonna, und ich nehme alles ein, da am Kamin. Zuerst ver-
schwindet der Schmerz. Dann verliere ich das Bewußtsein
und gleite dahin, alles kommt zu einem Stillstand. . .
meine Sinne, der Schmerz. . . alles ist weg. Ich ziehe mich
zurück, heraus aus dem Körper, ich kann das Zimmer sehen, aber ich lasse alles hinter mir, meine ganzen Sachen,
mein ganzes verstecktes Geld, vielleicht wird es nie jemand finden. Ich steige allein auf, über das Zimmer hinaus, lasse alles hinter mir.

Am Ende dieser Sitzung hatten wir uns auf die ziemlich
komplizierte Beziehung zwischen Carls Sexual- und Ge-
schäftsleben konzentriert und die Magenschmerzen mit beiden in Verbindung gebracht. Nachdem er diese Ereignisse
durchgearbeitet hatte, fing er an, besser zu schlafen und weniger unter den Schmerzen zu leiden. Seine geschäftlichen
Sorgen hielten jedoch an, und er hatte ständig das Gefühl,
daß »sie mich holen kommen«. . .

Dieser Satz löste eine der detailliertesten und vollständig-
sten Geschichten aus, die mir je ein Patient erzählt hat. Dieses Leben schien die These zu stützen, daß Carls frühere Leben von noch früheren Leben beherrscht waren. Er beschrieb eine mexikanische Ebene, wo er viele Jahre lang als
naturalisierter Ausländer gelebt hatte. In einem Leben voller Fleiß und Ausdauer hatte er einen riesigen Grundbesitz
erworben und war sehr mächtig geworden.

Er beschrieb die lang andauernde, aber eher spielerische Werbung um eine Frau, die ihn wie besessen zu lieben schien. Sie heirateten, und plötzlich wurde sie kühl, verweigerte jede sexuelle Beziehung, schloß sich lange Zeit mit ihrem Bruder ein. Carl kam das zwar ziemlich verdächtig vor, er unternahm aber nichts und suchte seine sexuelle Befriedigung woanders. Er fand sich in einem teuren Hotel mit einer Prostituierten wieder, irgendwo in einer Stadt. Mitten im Liebesakt wurde ihm klar, daß ihn seine Frau irgendwie verfolgt hatte oder anwesend war.

»Meine Frau weiß es, oder?« fragte er die Dirne. Die Antwort war Schweigen, sie drehte den Kopf weg. In diesem Moment spürte Carl einen scharfen Schmerz im Unterleib, denselben, den er in seinem früheren aristokratischen Leben in England gefühlt hatte. Als er den Vorfall in Mexiko schilderte, sah er zunächst keine Verbindung zwischen den beiden Erfahrungen, aber ich wies ihn darauf hin, daß er im Grunde denselben Vorgang beschrieb. In beiden Fällen würde ich den plötzlichen Schmerz auf eine unbewußte Rückerinnerung seines Stammeslebens zurückführen, wo er wegen einer unerlaubten sexuellen Beziehung mit einer Waffe durchbohrt worden war.

Seine Untreue in Mexiko erwies sich als ebenso verhängnisvoll wie jene in England; seine Frau und ihr Bruder eilten auf seinen schmerzhaften Anfall hin in das Zimmer, und da sie Carl bei einem ehebrecherischen Akt in flagranti ertappt hatten, ließen sie ihn ins Gefängnis werfen. Schließlich bestachen sie einige Regierungsbeamte und arrangierten seine Überführung in ein Nervenkrankenhaus. Dabei gelang es ihnen, Carls gesamtes Vermögen an sich zu reißen, und er stand plötzlich völlig mittellos da. An die Jahre in diesem Heim, das lediglich aus ein paar Hütten bestand, die jede einen »Patienten« beherbergte, konnte er sich nur vage erinnern. Sein Tod jedoch stand klar vor seinem inneren Auge.

Ich bin in einem Zimmer, in einer kleinen Betonzelle, der
Morgen graut. Ein Mann ist da, er bringt mir Essen und
Wasser. Er öffnet die Tür wie an jedem Morgen. Er stellt
das Zeug hin – er wirft mir einen schrecklichen Blick zu.
Ich habe mich Gott weiß wie lange nicht mehr gesehen, es
gibt keinen Spiegel oder irgend so etwas, und ich kann
nicht. . . ich weiß nicht einmal, wie ich aussehe. . . Aber er
schreit: »Oh, mein Gott. . . die Pest!« und wirft die Tür zu.
Ich weiß nicht, was geschehen ist, ich fühle mich gesund,
aber ich überlege. . . sie haben mir das angetan, sie werden mich holen kommen, um mich zu erledigen. Ich weiß,
das ist noch nicht das Ende. . . sie werden mich holen
kommen. . . das Licht blendet mich. Es ist heller Tag, und
die Tür geht auf. Sie stopfen Heu in meine Zelle – trocke-
nes, loses Heu. . . ich weiß nicht, was los ist, aber es
kommt immer mehr, und ich weiß. . . sie sind schuld daran. Meine Frau und ihr Bruder. Jemand sagt: »Wir müssen, weißt du. . . es ist wegen der Pest.« Und sie stecken
es in Brand und schließen die Tür.

Carl verbrannte in der versperrten Zelle voller trockenem
Heu – mit der einen Vorstellung im Kopf: Er hatte alles verloren, und sein Leben war ihm zur Qual gemacht worden. Er
war überzeugt, daß sein Tod nur ein weiterer Betrug war,
wie das Treffen mit der Prostituierten und die Einweisung
ins Irrenhaus. Er glaubte, daß sein Leben von feindlichen
Kräften beherrscht wurde.

Als wir weiterarbeiteten und mehr solcher Vorfälle fanden, wurde Carl klar, daß er eigentlich gar keine eigene
Firma *wollte*. Er hatte sich in die heikle Situation gebracht,
eine eigene Firma zu führen, weil er das Muster von Angst
und Verlust durchspielen mußte. Als wir die Behandlung
abschlossen, konnte er das Elektrogeschäft verkaufen und
eine Stellung in einem großen Betrieb annehmen. Sein Lebensrhythmus entspannte sich, sein Gesundheitszustand

besserte sich, und, wie er selbst schreibt, das befürchtete Magengeschwür hat sich nie entwickelt.

Der Fall Carl Parson zeigt einen interessanten Aspekt der therapeutischen Arbeit auf: Oft erweist sich das Symptom, das am wenigsten zu dem Problem eines Patienten »paßt«, als der hilfreiche Schlüssel bei der Behandlung. Der Therapeut muß dem Patienten helfen, dieses Problem zu entdekken, er hat also eine Art »Hebammenfunktion« – »heilen« jedoch muß der Patient sich selbst. Im Fall von Carl Parson ging es einfach darum, ihn auf die Tatsache hinzuweisen, daß seine Impotenz und sein geschäftlicher Mißerfolg etwas miteinander zu tun hatten. Als er das begriff, war er in der Lage, die einzelnen Verbindungsglieder zu finden und sich erfolgreich von den Ereignissen zu lösen, die sein Leben beherrscht hatten.

Ein Führerschein als Gesundheitsattest

Obwohl die Epilepsie eine seit Jahrtausenden bei uns bekannte Krankheit ist und der unter ihr leidende Mensch absolut nichts »dafür kann«, wenn er von ihr befallen wird, betrachtet man Epileptiker in unserer Gesellschaft mit Unbehagen, ja, mit leichter Furcht. Die stets allgegenwärtige Drohung eines öffentlichen Anfalls läßt selbst Freunde Abstand halten. Da die Anfälle unregelmäßig auftreten und keine unmittelbare, vorhersehbare Ursache haben, sind auch die Kranken selbst oft unsicher und ängstlich. Mit Hilfe von Medikamenten kann man den Zustand heutzutage unter Kontrolle halten, aber nicht heilen.

Ich habe viele Epileptiker behandelt und versucht, ihre Anfälle ohne die lebenslange Abhängigkeit von zerstörerischen Drogen unter Kontrolle zu bekommen. Die positiven Ergebnisse, die zunächst wirklich überraschend waren, haben sich als dauerhaft erwiesen. Obwohl sich niemand der »Heilung« eines Epileptikers rühmen kann, glaube ich, daß die Reinkarnationstherapie die Zahl der Anfälle ebenso erfolgreich senken kann wie Luminal und Dilantin, die normalerweise dagegen verschrieben werden. In zumindest einem Fall, wo die Medikamentenbehandlung sogar als eine Art »Auslöser« fungierte, entdeckte die Reinkarnationstherapie diese Ursache für die Krankheit.

Lee Allen war sechzehn Jahre, als sie zum ersten Mal zu mir in die Praxis kam. In diesem Alter ist gesellschaftliche Anerkennung besonders wichtig, und ein Mißerfolg – auch ein nur eingebildeter – kann unabsehbare psychische Folgen haben.

Lee war wie so viele Jugendliche in ihrem Alter plötzlich »aufgeschossen«, aber jetzt stand eine anmutige junge Frau vor mir. Trotzdem schien sie ihr zurückhaltendes Wesen und ihre eigenbrötlerischen Züge nicht ablegen zu wollen. Sie hatte sich mit einem Leben als Außenseiterin abgefunden; einem Leben als Epileptikerin.

Seit ihrem zweiten Lebensjahr gehörten die Anfälle zu ihrem Alltag. Und obwohl sie Luminal und Dilantin in hohen Dosen erhielt, waren ihre Anfälle nicht genügend unter Kontrolle, um ein normales Leben zu erlauben. Aus reiner Selbstbestätigung hatte sie mit einer Reihe von jungen Männern sexuelle Beziehungen angefangen. Eigentlich fand sie wenig Vergnügen daran, aber weil sie ihr eine Art Anerkennung boten, nach der sie sich sehnte, konnte sie nicht widerstehen.

Ihre Familienverhältnisse waren katastrophal. Der alkoholkranke Vater beherrschte sie und die schwache Mutter. Sie stritt regelmäßig mit ihrem Vater, aber es half nichts; oft folgten Anfälle diesen Auseinandersetzungen auf dem Fuße.

Als Lee von ihren Schwierigkeiten sprach, sah sie sehr wohl einen Zusammenhang zwischen ihren Anfällen und ihrem streitsüchtigen Vater. An diesem Punkt forschten wir in unserer ersten Sitzung weiter nach. Viele Patienten erinnern sich an lange und detaillierte Szenen aus früheren Leben, wenn das unbewußte Ich einmal angefangen hat zurückzugehen. Lees Bilder aus früheren Leben dagegen waren unvollständig, fragmentarisch. Krisen kamen ihr in den Sinn, häuften sich, und es war nicht immer leicht, eine Reihenfolge herzustellen. Diese Art der Erinnerung brachte jedoch ein recht vielschichtiges Muster zutage, in dem es ein zusätzliches Element gab: Die Drogeneinnahme selbst, die ein Teil ihres täglichen Lebens geworden war, erwies sich als Ursache für die Rückerinnerung verschiedener traumatischer Ereignisse aus früheren Leben.

Ich fragte Lee, was sie ihrem Vater denn antworte, wenn er sie provozierte, und sie erinnerte sich, daß sie ihn bei mehr als einer Gelegenheit angeschrien hatte: »Du tust so, als ob ich hier sterben soll.« Von diesem Satz ausgehend entwickelten sich die folgenden Szenen, eine aus der anderen.

»Wir sind auf einem Friedhof, dieser Junge und ich. Ich bin. . . sechzehn. Und wir haben. . . er geht mit mir ein Grab besuchen, es ist das Grab meiner Mutter.«

»Deine Mutter ist also tot.«

»Seit drei Tagen. Sie. . . hat sich selbst. . . sie hat sich umgebracht. Sie hat Tabletten genommen.«

»Und dieser Junge hat dich hergeführt?«

»Ich glaube nicht. Ich glaube, ich habe ihn hergebracht. Er versucht jetzt, mich wegzuziehen. ›Komm jetzt‹, sagt er. ›Es reicht.‹ Aber ich knie am Grab und schreie ihn an: ›Geh weg, ich will dich hier nicht sehen, laß mich in Ruhe!‹ Ich bin hier, um zu sterben. Wenn er geht. . . ich habe ein paar Tabletten. Ich habe alles geplant. Es sind dieselben Tabletten. . . die meine Mutter hatte. Ich spreche mit ihr. . . sage ihr: ›Ich habe es getan, ich habe dich so weit gebracht, ich will sterben, wie meine Mutter starb‹, und ich nehme die Tabletten, schlucke sie hinunter und lege mich aufs Grab, weinend, und nie mehr. . . ich werde nie mehr wieder aufstehen. . . und – *Was machst du hier?!*«

Als Lee diesen Satz schrie, wußte ich, daß »die Szene gewechselt hatte«, aber die Plötzlichkeit überraschte mich. Ich hatte erwartet, diesen Selbstmord mit ihr durchzuarbeiten, aber dafür war jetzt keine Zeit.

»Wer sagt das?« fragte ich. »Warst du das?«

»Ein Mann, ein Mann überraschte mich in einem. . . einer Art Badezimmer, nicht genau. . . es gibt kein fließendes Wasser, nur ein paar Schüsseln und Handtücher und so. Er hält mich am Arm fest und schüttelt mich. ›*Was machst du hier?*‹«

»Und was *machst* du da?«

»Ich weiß nicht, ich sage ihm bloß... ich bin einfach hier, das ist alles, ich tue nichts. Er sagt zu mir: ›Ich glaube, ich habe dir gesagt, daß du nie mehr zurückkommen sollst, wir wollen dich hier nicht haben.‹ Er zieht mich weg, wir sind... oben auf irgendeiner Treppe, er tut mir weh, er... schlägt mich. Ich liege am Boden.«

»Sagt er etwas?«

»›Du kannst das nicht mit ihm machen, ich habe dir gesagt, ich bring euch beide um.‹ Er hält mich jetzt an den Armen und schleift mich die Treppe hinunter. Ich habe Schmerzen, er schlägt mich gegen die Stufen, mein Kopf schlägt auf jeder Stufe auf. Oh!... Oh!... Oh!...«

Hier stieß Lee eine Reihe rhythmischer Schreie aus, und ich wußte, sie erlebte die Schläge gegen den Kopf, wie sie den Treppenabsatz heruntergeschleift wurde. Wir arbeiteten diesen gewalttätigen Angriff mehrmals durch, bevor wir weitermachten.

»Ich verkrampfe mich jetzt, ich fühle überall den stechenden Schmerz, und jetzt kommen die Zuckungen.«

Lee beschrieb diese Erniedrigung: Sie erlitt einen Anfall, während ihr Peiniger zusah.

»Er schleppt mich nach draußen, noch zwei Stufen hinunter... wartet dort, bis ich fertig bin. [mit dem Anfall]. Er schreit mich an: ›Meine Tochter tut so etwas nicht mit einem Mann, du bist nicht meine Tochter. Ich habe dich gewarnt!‹«

Wie ich vermutete, war der Mann, der Lee in diesem früheren Leben schlug und verletzte, ihre Krämpfe und schließlich ihren Tod verursacht hatte, ihr Vater gewesen.

Im Mittelpunkt dieser beiden abrupt beendeten Leben, die Lee durcharbeitete, standen Konflikte zwischen ihren Eltern und ihren Liebhabern. In ihrem gegenwärtigen Leben stellten Lees rasch wechselnde sexuelle Beziehungen im Grunde den Versuch dar, diese ungelösten Konflikte wiederzuerleben. Lee empfand ihre Krankheit deutlich als etwas Erniedrigendes, und dieses Gefühl schien aus der Erfahrung ihres früheren Lebens zu erwachsen, wo ihr Vater ungerührt zusah, wie sie in unkontrollierbare Krämpfe verfiel und dann auf den Stufen seines Hauses starb.

Auch ihr Selbstmord mit Tabletten im ersten Leben hatte sicher mit ihren gegenwärtigen Problemen zu tun, aber ich wußte nicht genau wie, bis sie unerwartet von der Todesszene vor dem Haus auf ein drittes Leben zu sprechen kam. Plötzlich beschrieb Lee eine Küche von eher modernem Zuschnitt. Sie war eine junge Drogensüchtige und gerade aus einem Gefängniskrankenhaus entlassen worden.

Das Haus ist ein Witz. Man hat mich zur Entziehung hingebracht... Aber ich hätte an all den Tabletten ersticken können, die die Wärter an die Patienten verkauften. Natürlich habe ich niemandem Schwierigkeiten gemacht. Das war nicht nötig. Jetzt bin ich zu Hause; in meiner Tasche steckt eine Flasche. Ich bin in die Küche hinuntergegangen, um sie zu holen. Ich kann die Eltern hören... sie streiten im Schlafzimmer. Er setzt ihr bös zu. Meinetwegen. Ich versuche, meine Ohren dagegen zu verschließen... das ist alles, was ich will... ich nehme die Flasche, stopfe mir eine Handvoll Tabletten in den Mund, möchte bloß, daß sie ruhig sind. Oder daß ich sie wenigstens nicht mehr höre oder so. Aber ich muß zuhören. Ich laufe in der Küche im Kreis. Er sagt: »Du bist schuld, du Schlampe, du hast sie gezwungen! Sie konnte nicht so sein, wie du es wolltest, und da hast du sie unter Druck gesetzt.« Meine Mutter, meine Mutter gibt alles zu, sie weint einfach und sagt: »Ich weiß, ich weiß, sie wird immer so sein wie jetzt, es ist schrecklich, einfach schrecklich.« Ich laufe im Kreis... es fängt an zu wirken. Ich folge ihrem Streit nicht mehr, aber ich habe zuviel genommen und ich... schwimme weg und – *jetzt*!

»Was ist passiert?«

»Ich bin hingefallen, ich drehe mich um mich selbst... ich habe mir den Kopf gestoßen an... einem Schrank, an... etwas, jetzt liege ich auf dem Rücken, und da ist dieses blendende Weiß...«

»Was ist weiß?«

»Ich glaube, die Decke ist weiß gestrichen. Vielleicht das Licht an der Decke, ich fange an... es passiert wieder... der Anfall... ich fühle ihn kommen, ich kann sie reden hören...«

»Was sagen sie?«

»Er sagt, jetzt ist sie verloren... sie wird nie anders sein, als sie jetzt ist.«

An diesem Punkt der Sitzung bekam Lee einen epileptischen Anfall. Ich sagte ihr, sie solle ihn »durchleben«, wie ein beliebiges anderes Ereignis. Die letzten Worte, die sie vor dem Anfall erinnerte, waren die ihres Vaters (aus einem früheren Leben): »Sie wird nie anders sein, als sie jetzt ist.« Lees unbewußtes Ich hatte die Worte und den Vorfall gleichzeitig registriert. Die Bedeutung war klar: Sie würde immer Anfälle haben.

In den von Lee erinnerten Szenen begegneten uns all die entscheidenden Probleme, die zu ihren Anfällen beitrugen – angefangen bei einem beherrschenden, unvernünftigen, gewalttätigen Vater. Lees Verhältnis zu ihrem Vater im gegenwärtigen Leben war entscheidend geprägt von den physischen Angriffen ihres früheren Vaters, der damit die Anfälle verursacht hatte. Ihr gegenwärtiges sexuelles Verhalten war Ursache und Gegenstand vieler Auseinandersetzungen mit ihrem Vater, Auseinandersetzungen, die fast genauso verliefen wie jener Streit, der zur Gewaltanwendung geführt hatte. Die Szenen, die mit Tabletteneinnahmen verbunden waren – am Grab ihrer Mutter und in der Küche –, machten mir klar, warum Tabletten kaum helfen konnten, Lees Anfälle zu kontrollieren. Die Erfahrung aus ihren früheren Leben hatte ihr unbewußtes Ich »gelehrt«, daß Tabletteneinnehmen Anfälle *hervorruft*, statt sie zu verhindern.

Im weiteren Verlauf der Sitzung stieß Lee dann rasch auf ihre pränatale Zeit und erinnerte ein in der Küche geführtes Streitgespräch der Eltern während des achten Schwangerschaftsmonats. Lee berichtete, daß ihr Vater ihre Mutter gezwungen habe, Tabletten zu nehmen, die der Hausarzt verschrieben hatte. Ihre Mutter drehte sich ärgerlich weg und stieß mit dem Leib hart an einen Tisch. Der Schmerz kam so plötzlich, daß sie beinahe ohnmächtig wurde.

Sie verliert mich! Ich habe das Gefühl, daß ich falle, beinahe falle. Ich spüre ein... Ablösen, als entziehe man mir eine Stütze. Es ist dasselbe Gefühl wie kurz vor einem Anfall... alles zieht sich zurück. Es ist wie Panik, ich möchte nur schreien: »Geh nicht weg! Verlier mich nicht!« Dann gehen sie ins Schlafzimmer, und ich höre sie. Er sagt: »Ich weiß nicht, wie du dir das vorstellst, wie ich das Krankenhaus bezahlen soll, du weißt doch, daß kein Geld mehr da ist.«

Dieser pränatale Vorfall enthielt alle Muster, mit denen wir gearbeitet hatten – die Küche, die Anfälle, die Tabletteneinnahme und den Vater als »Feind«, der Lees Dasein bekämpfte. Obwohl die Szene an sich wenig bedeutungsvoll scheint, gab sie in einem gestochen klaren Bild genau den Moment wieder, wo Vergangenheit und Gegenwart miteinander verbunden wurden.

Während der ganzen Behandlungszeit hatten wir Schwierigkeiten, die Geburtsszene durchzuspielen. Sobald Lee mit ihren Schilderungen bis zum Kreißsaal gelangt war, paßte sie. Dort mußte Entscheidendes passiert sein, soviel stand fest. Am Ende jeder Sitzung habe ich versucht, Lee zum Augenblick ihrer Geburt zu führen, aber erst nachdem wir praktisch ihre gesamte pränatale Zeit durchgearbeitet hatten, war sie fähig, diese entscheidende Phase ihres Lebenszyklus wiederzuerleben.

»Was fühlst du?« fragte ich.

»Ich möchte freikommen. Das ist alles. Ich will raus. Ich höre eine Schwester oder irgend jemanden, eine Frau, die sagt: ›Pressen Sie stärker, meine Gute, es dauert nicht mehr lange.‹«

Die Entbindung war eine langwierige Angelegenheit. Lees Mutter verlor alle Kontrolle über sich und bekam mehrere Spritzen. Das Medikament wirkte wie erwartet, die Mutter entspannte sich genug, um die Entbindung zu einem guten Ende zu bringen. Für das Kind jedoch waren die Drogen in zweierlei Hinsicht schädlich.

Ich habe das Gefühl, sie verläßt mich... Ich bin ganz allein. Sie ist weggegangen. Wie soll ich das allein machen...? Ich spüre Angst, Entsetzen, es ist dasselbe Gefühl wie bei den Anfällen... als wenn sich alles zurückzieht. Wie unmittelbar vor einem Anfall. Es passierte, als sie die Spritze bekam.

Das Gefühl »vor dem Anfall«, hervorgerufen von der Spritze, löste vermutlich verschiedene schmerzliche »Erinnerungen« an frühere Leben von Lee aus. Daß dieses Gefühl durch Medikamente entstand, war doppelt unglücklich: So wurde ein für allemal die Möglichkeit ausgeschlossen, Lees Anfälle wirksam mit Medikamenten zu behandeln.

»Ich komme heraus, es ist so hell, der Raum ist weiß, und mir tun die Augen weh, das Licht blendet so. Weiß. Wie Wolken. Heller als jene Decke, aber genauso. Dieselbe Helligkeit.«

»Hörst du irgendwelche Worte?«

»Diese Frau... diese Schwester, sie sagt: ›Ich wette, Ihr Mann wird sehr stolz sein auf das Baby.‹«

»Und dann?«

»Meine Mutter sagt: ›Ich weiß nur das eine, wenn ich heimkomme, dann schnappe ich ihn mir und kriege einen Anfall!‹«

Ich bat Lee, diesen Satz zu wiederholen. Sie tat es – aber nicht in der Sprechweise ihrer Mutter, sondern mit »eigener Stimme«, da sie die Bedeutung dieser Szene erkannt hatte. Dadurch gewann sie den Abstand, der notwendig ist, um die Bindung daran zu lösen.

Zum Abschluß von Lees Behandlung arbeiteten wir die Geburt noch mehrmals durch. Als ihre Therapie abgeschlossen war, nahm Lee keine Tabletten mehr und brauchte auch offensichtlich keine. Das war im Sommer 1972.

Im Frühling 1976 kam sie noch einmal zu einer Art »Kontrollbesuch« zu mir. Sie war mittlerweile stolze Besitzerin eines Führerscheins – ein Dokument, das ein Epileptiker nicht leicht bekommt. Sie hatte seit unserer letzten Sitzung (vor fast vier Jahren) keinen einzigen Anfall mehr gehabt und in dieser Zeit keine Antikrampfmittel genommen. Der Führerschein war für Lee ein Gesundheitsattest: Sie betrachtete sich nicht länger als Außenseiterin der Gesellschaft.

»Du bist zu langsam bei den Weibern«

Trotz oder vielleicht gerade wegen der »sexuellen Revolution« sind die Erwartungen und Ansprüche auf diesem Gebiet mehr und mehr gestiegen, und den meisten Menschen fällt es schwer, sexuelle Schwierigkeiten einzugestehen. Das von den Medien vorgegaukelte Idealbild des sexuell befreiten Menschen entspricht keineswegs der Realität nach wie vor gehemmter und verunsicherter »Normalverbraucher«. Da aber keiner um die Probleme des anderen weiß, ist auch kaum einer bereit zuzugeben, daß er dem gepriesenen Vorbild keineswegs entspricht.

Die traditionelle Psychotherapie kann bei sexuellen Verhaltensstörungen – vorzeitige Ejakulation, Orgasmusunfähigkeit und Impotenz – nur mit geringen Erfolgen aufwarten. Die Sexualtherapie, wie sie Masters und Johnson praktizieren, hat sich schon besser bewährt. Eine außerordentlich hohe Heilungsrate jedoch konnte mit Hilfe der Reinkarnationstherapie erzielt werden, die eine bemerkenswerte Übereinstimmung der Verhaltensmuster bei Patienten mit sexuellen Schwierigkeiten aufdeckte.

»Meine Frau will nicht mehr mit mir schlafen«, erklärte Henry Aiken zu Beginn seiner ersten Sitzung. »Ich glaube, deshalb bin ich hier.«

Henry sah aus, als ob er einmal auf dem College ein Football-Held gewesen wäre. Der achtunddreißigjährige, große Mann wirkte sportlich, sehr gepflegt und legte offensichtlich viel Wert auf sein Äußeres. Doch diese Erscheinung war eine Art Maske, hinter der er verzweifelt versuchte, seine sexuellen Schwierigkeiten zu verbergen.

»Es ist meine dritte Ehe«, sagte er. »Bei meinen beiden ersten Frauen kam ich auch immer zu schnell. Ich glaube, deshalb ließen sie sich auch scheiden. Sie sagten, es sei aus. . . anderen Gründen.«

Vorzeitige Ejakulation ist für die traditionellen Behandlungsmethoden eine der schwierigsten sexuellen Störungen. Oft besteht sie noch lange nachdem alle anderen Probleme, die für ihre Ursache gehalten wurden, gelöst sind. Und so manche eigentlich gar nicht so schlechte Ehe ist an der fortgesetzten Frustration, die damit verbunden ist, zerbrochen. Henrys Ehe befand sich an diesem kritischen Punkt.

Ich fragte Henry, was er bei seinen vorzeitigen Ejakulationen denn fühle.

»Ich habe das Gefühl. . .«, er zögerte, weil er wußte, daß das, was er sagen wollte, keinen Sinn zu haben schien – »ich habe das Gefühl, ich muß mich beeilen, bevor mich jemand erwischt.« Er wurde rot. »Ziemlich pubertär, nicht wahr? Es ist, als ob mir jemand immer wieder sagte: ›Beeil dich, los, schnell!‹ Ich bin immer froh, daß ich schnell gekommen bin, als wenn das ein Triumph wäre, obwohl ich weiß, daß meine Frau frustriert und unglücklich ist. Dieser Triumph. . . es ist nur ein Gefühl – nicht, daß ich darüber nachdenke.«

Unser therapeutisches Gespräch begann mit dem Satz: »Beeil dich, los, schnell«, dem Angstgefühl, »erwischt« zu werden, und dem Triumphgefühl, das mit der schnellen Ejakulation verbunden war.

»Ich höre die Stimme eines Mannes.«

»Gut. Was sagt der Mann?«

»Los! Schnell!«

»Wo sind Sie? Was tun Sie?«

»Ich bin. . . hm. . .«

»Selbst wenn es sehr persönlich oder peinlich ist, sagen Sie, was Sie tun.«

»Ich. . . mach es mit dieser Frau. . . einer schwarzen Frau.
Ich bin. . . ich bin auch schwarz.«
»Wo sind Sie?«

Ich bin nicht zu Hause. . . Ich bin ein Sklave. Zu Hause –
das war ein Dorf, eine warme, feuchte Gegend. . . Dies
hier muß irgendwo in Afrika sein, aber ich weiß nicht,
wann. Unser Häuptling hat irgendeinen Handel abgeschlossen, einen Vertrag mit weißen Händlern. Wir fuh-
ren flußabwärts, an den Fußgelenken war ich gefesselt an
meine Stammesbrüder – und an andere. Ich komme zu
einer Art. . . ich weiß nicht, wie man es heute nennen
würde, eine Einfriedung denke ich, und sie stecken uns
alle zusammen, tagelang, mein Gott, der Gestank, in dem
wir leben! Es gibt kein. . . Badezimmer oder sonst etwas,
wo man mal hinkönnte, wir sind einfach Schweine im Ko-
ben. Die Temperatur muß die ganze Nacht über an die
vierzig Grad betragen haben. . . diese Feuchtigkeit, zusammen mit dem Gestank. . . Jetzt schreien sie. Weiße
Männer mit Knüppeln stoßen uns an Land, sie schreien. . .
den ganzen Weg: »Bewegt euch, schnell, wir haben nicht
den ganzen Tag Zeit!« Die außen gehen, bekommen am
meisten ab.

Jetzt stehe ich vor einem offenen Feuer. Vor mir, in einer Reihe, stehen andere Männer. Sie treten vor, einzeln,
um von den Weißen begutachtet zu werden. Jetzt bin ich
dran. Ich bin verwirrt, weiß nicht, was ich tun soll, aber ich
gehe auf sie zu. Die Weißen untersuchen meine Hoden,
wiegen sie. Sie wollen sehen, ob ich ein guter Zuchtstier
bin.

»Der ist in Ordnung«, höre ich eine Stimme sagen, und
plötzlich wird meine Halsfessel abgenommen. Ich werde
auf der rechten Schulter gebrandmarkt, mit den anderen
»Zuchtstieren« in einem Käfig auf einen Wagen geladen
und auf ein Boot gebracht.

An die Bootsfahrt erinnerte Henry sich nicht. Er erzählte gleich weiter vom Ausladen.

Weiße Mädchen mit breiten Hüten stehen in einer Reihe am Landungssteg und beobachten uns. Wir kommen vom Schiff herunter und werden von Weißen ausgezogen. Ich komme mir vor wie ein Tier, es ist schrecklich. Wieder werden wir gestoßen, aber diesmal in einen großen, offenen Raum, einen Schlafsaal.

Als er den Raum beschrieb, in dem er gehalten wurde, verzerrte sich Henrys Gesicht.

»Was fühlen Sie?« fragte ich ihn.

»Schmerz.«

»Was verursacht ihn? Woher kommt er?«

»Peitsche. Ich werde gepeitscht. Sie bringen Frauen herein. Manchmal muß ich allein am Morgen drei oder vier ›bedienen‹. Am Nachmittag wieder welche. Der Aufseher bestimmt die Zeit mit einer Peitsche.«

»Er peitscht Sie *während* des Geschlechtsverkehrs?«

»Er schreit: ›Das ist nicht zum Spaß, du Bastard, beeil dich. Wenn du nicht schnell kommen kannst, geh runter und laß einen andern Bullen ran!‹«

Während Henry das erzählte, litt er immer noch geradezu sichtbar unter den Peitschenhieben. Für ihn waren der Riemen, die Stimme des Aufsehers und die Frage der Geschwindigkeit zu einem integralen Teil des Geschlechtsakts geworden. Eine schnelle Ejakulation würde den Aufseher davon abhalten, ihn zu schlagen – sein einziger Triumph. In seinem gegenwärtigen Sexualleben spielte er diesen und andere traumatische Vorfälle unbewußt ständig wieder durch.

Ich bat Henry, in Gedanken weiterzugehen – bis zu seinem Tod.

»Ich bin in meiner Zelle«, sagte er, und sein Gesichtsausdruck wurde traurig, schwermütig. »Zwei Männer kommen

herein. Dem einen gehöre ich. . . Sie wollen, daß ich onanie-
re.«

»Wir wollen sicher sein, daß was rauskommt«, sagt mein
Besitzer. Aber ich bin heute schon sechsmal gekommen.
Ich streng mich an, mein Gott, es scheint Stunden zu dauern. Die beiden Männer stehen nur unter der Tür, sie star-
ren mich an – es ist unmöglich, und nur ein Gedanke beherrscht mich: »Wenn ich nicht schnell komme, Gott
weiß, was sie mit dir machen.« Aber ich kann nicht. Ich
kann einfach nicht. Ich schaue zu ihnen auf voller Angst,
versuche es noch, aber ich weiß, es ist sinnlos. Es ist unmöglich. Mein Besitzer grunzt und tritt nach mir. »Du bist
zu langsam bei den Weibern, und du bist jetzt zu langsam.
Du mußt schnell kommen, wenn du am Leben bleiben willst.«

Ich bat Henry, den Satz zu wiederholen.
»Du mußt schnell kommen, wenn du am Leben bleiben
willst«, sagte er langsam noch zweimal. Die Erregung wich
aus seiner Stimme, und seine Gesichtsmuskeln entspannten
sich.

Jetzt kommt mein Besitzer zurück. Das muß einige Zeit
später sein. Er sagt mir, daß ich keine Kinder gezeugt
habe, ich bin wertlos. Sie haben mich in einen Kornspei-
cher gesteckt und an ein großes Rad gebunden. Ich glaube
nicht, daß ich je wieder eine Frau hatte. . . Mitten in der
Nacht wache ich auf, die Leute draußen schreien:
»Komm schnell! Komm raus, oder du stirbst! Schnell!
Beeil dich!« Ich öffne die Augen, ich bin von Flammen
umringt. Es gibt keinen Ausweg. Die Hitze ist unbe-
schreiblich. Der heiße Wind. Die Asche. Das ist das
Ende. Und es ist eine Erleichterung. Ich taste mich die
Wände entlang, und bald sind die Flammen. . . ich weiß

nicht, sie haben mich erreicht. Die Flammen haben mich
erreicht. Um mich herum schreien die Stimmen: »Komm
schnell, beeil dich, komm raus!«

Für das unbewußte Ich hatten diese Sätze, die Henrys Tod
begleiteten, natürlich dieselbe Bedeutung wie die, die seine
sexuelle Folter begleitet hatten; es unterschied nicht die
beiden Bedeutungen des Wortes »komm«. Noch im Tod
fühlte Henry sich unbewußt gestraft, weil er nicht »schnell
kam«. In diesem früheren Leben, dem ersten, das Henry
Aiken erinnerte, schienen die Wurzeln seines Problems zu
liegen, aber es handelte sich dabei selbstverständlich um
keine vereinzelt dastehende Erfahrung. Der Feuertod
führte ihn direkt in ein anderes Leben.

Zwei Jungen in einer Scheune. Einer ist ein Freund, der
andere bin ich. Wir, wissen Sie, wir zeigen uns unsere Ge-
schlechtsteile... wir reden darüber, wie man es mit den
Mädchen »macht«; ich denke, wir sind wohl dreizehn.
Wir... onanieren. Und dieser Freund, ich glaube, sein
Name ist Mark...? Markus vielleicht, er sagt: »Wenn du
langsamer reibst, dauert es länger.« Aber ich denke, das
ist albern, ich nehme an, die Mädchen hätten es lieber,
wenn es schnell vorbei ist und sie nicht lange belästigt
werden. Er findet das komisch, aber ich bilde mir ein, daß
Mädchen Sex unmöglich schön finden können. Jetzt ruft
meine Mutter: »Wenn ihr Kerle im Speicher raucht, zieh
ich euch beiden die Hosen stramm. Ihr brennt noch mal
die Scheune ab, verflucht noch mal.« Plötzlich gerate ich
in Panik; ich springe auf. »Los, komm«, sage ich, »steck
ihn schnell weg! Wenn die uns erwischen, dann verprügeln sie mich.«

Diese kleine, anscheinend unbedeutende Szene ist deshalb
bemerkenswert, weil sie fast jedes Element aus Henrys frü-

herem Leben als Sklave enthält. Das Gespräch über die sexuelle Einstellung, Henrys Überzeugung, daß eine schnelle Ejakulation besser ist, und die Anspielung auf Feuer und »verbrennen« – das alles führt dazu, daß er ausruft: »Los, komm, schnell... oder sie verprügeln mich.« All diese Ereignisse – jedes für sich allein genommen ohne Bedeutung – spielten sich zufällig in einer Reihenfolge ab, die Henry mit seinem grauenvollen früheren Leben in Berührung brachte. Daraufhin prägte sich dieser flüchtige Vorfall seinem Unbewußten dauerhaft ein. Es folgte eine ähnliche, ebenfalls ganz kurze Szene:

> Ich bin irgendwo auf einem kleinen Dachboden. Es ist heiß, stickig. Ich bin vielleicht sechzehn, ein Mädchen ist bei mir. Sie ist nackt, und sie sagt: »Beeil dich und mach's, bevor uns jemand erwischt!« Ich sage ihr, daß es nicht geht, er ist noch nicht steif genug, und sie fängt an... mich zu masturbieren. »Ich mach ihn dir hart«, sagt sie, aber ich sage ihr: »Es hat keinen Sinn, so kriegst du ihn nie steif.« Als nächstes sagt sie: »Mach doch irgend etwas, wir müssen uns beeilen.« Genau da hören wir Stimmen; ich halte ihr die Hand vor den Mund. »Schnell«, flüstert sie, »wir müssen hier raus.«

In der pränatalen Phase seines gegenwärtigen Lebens schliefen seine Eltern miteinander. Seine Mutter dachte dabei: »Hoffentlich kommt er schnell und läßt mich dann in Ruhe. Ich hasse es, wenn er so lange braucht. Ich komme sowieso nie, ich würde es ihm lieber mit der Hand machen, aber das dauert noch länger...«

Dieser Vorfall leitete zu einer Kreißsaalszene über, wo der Arzt zu einer Schwester sagte: »Vielleicht haben wir Glück. Vielleicht kommt er schnell. Sie wird sich wohler fühlen, wenn es schnell geht und er draußen ist.«

Noch einmal rekapitulierte – und verstärkte – eine an sich

völlig harmlose Feststellung jene Sätze, die Henrys frühere Leben beherrscht hatten, und »programmierte« damit praktisch sein sexuelles Problem – vorzeitige Ejakulation.

Henrys Behandlung umfaßte ganze acht Sitzungen. Nach der fünften kam der erste »Durchbruch«. Er hatte die Ejakulation lange genug zurückhalten können, um seiner Frau einen Orgasmus zu verschaffen. Nach diesem Erfolg, der sie so offensichtlich freute, daß er ganz stolz war, erfuhr ihr Sexualleben eine deutliche und rasche »Normalisierung« – von Trennung war nicht mehr die Rede.

Marquis de Sade im Wochenbett

Eine »Krankheit«, die früher als solche kaum bekannt war, obwohl wahrscheinlich nicht wenige Frauen darunter litten, gilt heute im Zuge größerer sexueller Aufklärung geradezu als Makel, unvereinbar mit der Vorstellung von der »vollkommenen Frau«: Orgasmusunfähigkeit. Und zwar nicht nur in der einen oder anderen Situation oder mit diesem oder jenem Mann – da wird wohl jede Frau schon mal mit dem Problem konfrontiert gewesen sein –, sondern als Dauerzustand. Für Sarah Foster war es zusätzlich mit physischem Schmerz und wachsenden Depressionen verbunden.

Sarah war dreiundzwanzig Jahre alt, hatte langes schwarzes Haar und ein schmales, sensibles Gesicht. Sie trug kein Make-up und kleidete sich betont lässig: Jeans, Sandalen und indische Bluse. Sie gab sich progressiv, unabhängig und gleichgültig gegenüber dem, was die Welt von ihr dachte. Unser erstes Gespräch zeigte jedoch rasch, daß dies alles nur äußere Pose war.

Ich habe große Angst, daß mir jemand zu nahe kommt. Ich möchte mich verlieben, ich habe das Gefühl. . . all diese Liebe ist in mir, aber. . . ich erstarre zu Eis, wenn ein Mann auf mich zukommt. Ich schlucke krampfhaft, und die Worte bleiben mir im Halse stecken. . . Ich kann nur denken: »Rühr mich nicht an. . . laß deine Hände von mir. . .« Ich weiß, das ist verrückt. Ich meine, wenn ich einen Mann kennenlerne und wir miteinander schlafen, ist es so verwirrend. . . Ich habe Schmerzen. Ich spüre, daß ich eine Art Orgasmus erreiche, und dann kommt dieser stechende Schmerz, und ich schreie. Ich habe jetzt Angst davor, es noch einmal zu tun. Ich meine, man kann das den Männern nicht immer wieder zumuten... sie haben schließlich auch ihre Rechte.

Unabhängig von ihren sexuellen Problemen zeigte sich bei Sarah folgendes Symptom: Regelmäßig wachte sie etwa um vier Uhr morgens mit heftigen Unterleibskrämpfen auf. Sie konnte keine Verbindung zwischen diesen Krämpfen und ihrer Orgasmusunfähigkeit sehen, aber ich spürte, daß da ein Zusammenhang bestehen mußte. Das notierte ich mir, beschloß aber, es zunächst nicht weiter zu verfolgen, in der Hoffnung, Sarah würde selbst im Laufe der Sitzung darauf kommen.

Ich fragte Sarah, was sie am meisten fürchtete, wenn sie einem Mann näher kam. Sie dachte einen Augenblick nach und gestikulierte mit den Händen, als ob sie keine Worte finden könnte. Schließlich platzte sie heraus: »Ich habe Angst, ich kann nicht mehr ausbrechen. Ich habe Angst, ich komme in eine Situation, wo ich festsitze. Das hat keinen Sinn, oder?«

»Alles, was Sie sagen, hat irgendeinen Sinn«, erwiderte ich. »Ich verstehe ihn im Moment nur noch nicht. Wenn Sie irgendwo festsitzen würden – physisch festsitzen, unfähig auszubrechen... wenn Ihr Körper steif wäre, was könnten Sie mir darüber sagen? Das erste, was Ihnen in den Sinn kommt – wo sind Sie?«

Ich kann nicht stehen, und ich kann nicht sitzen. Ich bin... holt mich hier niemand raus? Hilft mir denn niemand?

Es ist ein Käfig, wie ein Tierkäfig im Zoo, aber er paßt nur gerade über mich. Ich kann mich nicht bewegen. Ich kauere. Er ist zu niedrig, um darin zu stehen, zu eng, um hineinzupassen. Es ist unfair. Er hat mich nie gewollt. Er wollte mich nur ausnutzen... mich besitzen.

Sarah fand sich in einer früheren Zivilisation wieder. Als sie die Spur zurückverfolgte, um die Hintergründe für ihre Gefangennahme zu entdecken, stellten wir fest, daß sie von einem Ehemann für einen Ehebruch bestraft wurde. Das menschliche Leben galt nicht viel, und es kümmerte ihn nicht weiter, ob seine Strafe sie tötete. Sie hatte schon tagelang in diesem Käfig gehockt.

Als dieses Leben nun vor ihrem inneren Auge abrollte, wurde ich mit mehreren überraschenden Phänomenen konfrontiert. Einmal begann Sarah plötzlich eine Sprache zu sprechen, die keiner von uns je zuvor gehört hatte. Dem ungeübten Ohr erschien es wie ein afrikanischer Dialekt, aber Sarahs Worte kamen so sprunghaft, daß wir uns nicht genügend auf den Klang der Sprache konzentrieren konnten, um sie genauer zu identifizieren. So faszinierend die Sache auch war, interessierte es mich offen gestanden mehr, Sarahs sexuelle Probleme zu lösen, als dieser Seltsamkeit nachzugehen. Ich bat Sarah einfach, mir die Dinge zu übersetzen, die die Leute sagten. Von Zeit zu Zeit fiel sie wieder in die Sprache zurück, aber ein sanfter Hinweis, und schon erfolgte die Übersetzung.

Ich weiß nicht, wie lang ich schon hier bin. Ich weiß nicht einmal, wo ich wirklich bin. Drei Männer holen mich jetzt aus meinem Käfig... bringen mich auf eine große freie Fläche im Wald. Das alles spielt sich im Freien ab... heiß... fast dampfend. Ein Mann wartet auf mich... mein Mann. Er sagt mir, daß ich ihn entehrt habe... Ich bin eine Schlampe, eine Hure... aber ich verstehe nicht, wovon er redet... Er hat nie irgendein Interesse an mir gezeigt, hat sich nie um mich gekümmert. Jetzt... mein Gott, er hat eine Peitsche, und... o Gott!

Sarah warf sich auf der Couch herum, und wieder geschah etwas, das ich kaum erklären kann. Als sie mir weiter von ihren Erlebnissen erzählte, tauchten an ihrem Hals, am Kinn und an den Schultern rote Striemen in paralleler Zeichnung auf, als wäre sie mit einer neunschwänzigen Katze geschlagen worden. Diese physische Manifestation von Verletzungen aus einem früheren Leben war mir ein Rätsel. Doch auch jetzt schien es mir wichtiger, mich auf Sarahs psychische Schwierigkeiten zu konzentrieren, statt einem unerklärlichen Phänomen nachzugehen. Wir machten weiter, erwähnten die physischen Symptome bloß, die im Laufe der Sitzung schwächer wurden.

Ich bitte ihn um Mitleid. Aber er hört mich nicht einmal. Er sagt zu den Männern: »Bringt sie zurück in den Käfig.« Ich flehe ihn an: »Nein, nein, dort sterbe ich!« Aber er sieht so gleichgültig aus. Er antwortet nicht einmal.

Sie haben mich zurückgebracht. Ich hocke wieder, und es bringt mich um. Der Schmerz ist qualvoll.

Ich bat um eine genauere Beschreibung des Schmerzes, die so ausfiel, wie ich erwartet hatte.

Es ist ein Schmerz im Bauch... eigentlich tiefer. Ein Schmerz im Unterleib. Ich spüre ihn jede Nacht. Es ist mein Vier-Uhr-Schmerz. Das ist es. Er kommt von diesem Kauern.

Jetzt werde ich in ein Zimmer geführt. Ich habe ihm gesagt, daß ich alles tun würde... alles, um aus dem Käfig zu kommen, und schließlich hat er nachgegeben. Ich werde gebadet, und das ist ein schönes Gefühl. Heißes Wasser umspült meinen Körper. Ich möchte für immer hierbleiben... aber ich kann nicht. Sie geben mir etwas zu trinken... »Das ist gegen den Schmerz«, sagt jemand. Gegen den Schmerz... welchen Schmerz?

In einem anderen Zimmer. Ich liege auf einer Pritsche ausgestreckt, einem niedrigen Strohbett, und es sind Werkzeuge da. Ich kann sie ganz deutlich sehen... Messer, Scheren... sie sind so wunderschön: goldene Griffe, mit blauen... mit irgend etwas Blauem eingelegt. Sie sehen fast wie Juwelen aus. Ich möchte wissen... warum erinnere ich mich so deutlich an sie? Sonst ist nichts so deutlich... aber ich werde schläfrig... Mein Mann ist da... Er sagt zu einem anderen Mann... einem Arzt... »Hoffentlich hilft mir das.« Und der Arzt sagt: »Es schlägt nie fehl. Wir müssen nur schnell schneiden, um Schmerzen zu vermeiden. Sie wird nie wieder einen Orgasmus haben.«

Sarah beschrieb einen scharfen, stechenden Schmerz in der Vaginalgegend. Ein Schmerz, der sie ohnmächtig werden ließ. Als sie das Bewußtsein wiedererlangte, hörte sie, wie der Arzt ihrem Mann riet: »Benütze sie ein paar Tage lang nicht, damit es sich nicht entzündet.«

Plötzlich wurde Sarah sehr aufgeregt. Sie begann schneller zu sprechen, beschrieb ihr gegenwärtiges Leben. Sie litt unter einer Scheideninfektion, was sie in ihrem ersten Gespräch vergessen hatte zu erwähnen. Sie litt schon seit fünf Jahren darunter; es war ein Teil ihres Lebens geworden. Sie hatte nicht auf Medikamente angesprochen, die eine solche Entzündung meist in ein paar Wochen heilen. Wir arbeiteten die Worte des Arztes durch und wiederholten sie solange, bis Sarah spürte, daß sie zur nächsten Szene übergehen konnte.

Ich habe mich jetzt erholt, und Sex interessiert mich überhaupt nicht mehr. Er nimmt mich, wann er will, aber ich spüre nichts dabei. Ich weine die ganze Zeit, fühle mich wie ein halber Mensch. Ich habe an nichts Interesse. Nichts ist wichtig. Dann erinnere ich mich... diese Messer. Diese Werkzeuge im Operationszimmer. Sie sind so

schön, so... begehrenswert. Es ist Nacht. Ich stehle mich
in das Zimmer. Ich glaube nicht, daß ich je hier gewesen
bin seit der... Operation. Ich weiß nicht, wie lange es her
ist. Ich weiß nicht, was inzwischen geschehen ist. Aber da
liegen sie. Ein goldenes Messer. Blaue Blumen. Ich
nehme es in die Hand... Es geht mitten in den Unterleib
hinein. Mein Gott... es tut so weh. Hätte ich bloß nicht...
es tut so weh.

Ich liege jetzt auf dem Boden, und ich weiß, daß ich
sterbe. Ich sterbe. Ich denke...: »Ich wollte nur geliebt
werden... das alles hätte nicht passieren müssen. Ich
wollte nur geliebt werden.«

Als Sarah diese Erfahrungen durcharbeitete, bemerkte sie
Ähnlichkeiten zwischen der Vergangenheit und der Gegenwart. Sie hatte kürzlich eine Beziehung zu einem Mann
abgebrochen und traf sich jetzt öfter mit einem anderen. Ihr
erster Freund war über die neue Beziehung wütend und be-
schimpfte Sarah ständig am Telefon. Sein Benehmen ängs-
tigte sie, außerdem fühlte sie sich schuldig. Obwohl der frühere Freund nicht die Macht hatte, Sarah physisch zu bestra-
fen, paßte die seelische Folter genau zu diesem früheren Leben und dem Selbstmord.

Nach der eben geschilderten Existenz fand sich Sarah irgendwo in den Vereinigten Staaten wieder, zu jener Zeit, als
der Westen erschlossen wurde. In einer primitiven Stadt
dort, die von schwer arbeitenden und schwer trinkenden
Männern bevölkert war, arbeitete sie in einer Bar als Kell-
nerin und manchmal auch als Prostituierte.

Ich fühle ein Ziehen, wie vorhin, als die Leute mich aus
dem Bad geholt haben, aber es ist ein Mann... an der Bar.
Er zieht mich auf diese lange Treppenflucht zu, und ich
gehe mit. Aber ich verstehe nichts. Ich bin verwirrt von allem, was hier passiert. Ich bin wohl eine Prostituierte,

aber ich habe nicht das Gefühl, daß ich weiß, was ich tue. Ich muß sehr jung sein. Ich glaube, das ist es. Ich bin wie betäubt, als ich die Treppe hinaufgehe. Der Mann ist sehr behutsam. Er scheint irgendwie. . . nett. Er führt mich in ein Schlafzimmer. Er ist sehr behutsam. Wir ziehen uns aus, und langsam werde ich sehr. . . erregt. Wir lieben uns, ich fühle den Höhepunkt kommen. Wir sind uns sehr nah, ich kann mir nicht vorstellen, daß ich eine Prostituierte bin. Ich mag diesen Mann richtig. . . ich bin sehr zärtlich und gleichzeitig sehr erregt. . . Es ist. . . es ist. . . o Gott, er ist fertig. Er ist fertig. Er zieht sich von mir zurück. . . ich bin so durcheinander, ich war wie in einem Traum mit ihm. Jetzt ist er schon aus dem Bett. Zieht sich an. Ich liege noch da, fühle mich wie. . . »Was ist los?« Er schaut auf mich herunter und sagt: »Jesus, du bist vielleicht eine Hure! Du bist für *keinen* Mann gut genug.« Er wirft eine Münze aufs Bett und geht. Ich bleibe ganz allein. Weinend, wütend. Noch immer verwirrt. Warum liebt mich niemand?

Sarah beschrieb, wie sie sich anzog und in die Halle über der Bar hinaustrat. Sie war von dem Erlebnis so durcheinander, daß sie vergessen hatte, sich die Schuhe zuzubinden, und oben auf den Stufen stolperte. Sie fiel die ganze Treppe hinunter und schlug am Ende mit dem Kopf gegen den Pfosten des Treppengeländers. Das letzte, was sie sah, war der Mann, der sie gerade geliebt hatte. Er saß an der Bar und drehte sich einen Augenblick um, um zu sehen, was da wohl los war, und wandte sich mit einem Achselzucken wieder ab. Sie wurde hinaufgetragen und ohne ärztliche Hilfe liegengelassen. Am Morgen war sie tot.

In diesem Vorfall kristallisierte sich das ganze Mißtrauen, das Sarah allen Männern gegenüber empfand. In ihrem gegenwärtigen Leben war der Augenblick vor dem Orgasmus zu einem Trauma geworden, denn es war der Augenblick, wo sie wußte, der Mann wird sie verraten und allein lassen.

Als wir zur pränatalen Phase von Sarahs jetzigem Leben kamen, beschrieb sie einen ähnlichen Vorfall aus dem siebten Monat. Ihre Eltern schliefen zusammen, aber ihre Mutter empfand es als ekelerregend und schmerzhaft.

> Sie denkt: »Rühr mich da nicht an. Du benimmst dich wie ein Tier. Laß mich in Ruhe... Ich habe überhaupt nichts davon – Gott weiß, wie lange es her ist, daß ich gekommen bin.« Jetzt dreht sie sich auf die Seite. Er stöhnt und hustet, liegt auf dem Rücken... und sie denkt: »Wenn ich es verhindern kann, wird er mich nie mehr berühren.«

Wir stießen noch auf viele ähnlich häßliche Szenen zwischen ihren Eltern während Sarahs pränataler Zeit, aber es wollte ihr nicht gelingen, sich endgültig von der Situation im Mutterleib abzulösen. Nachdem wir mehrere Wochen damit verbracht hatten, schon bekannte Ereignisse durchzuarbeiten, tauchte endlich ein neuer Vorfall auf.

Sarahs Mutter war im Krankenhaus und wartete auf die Entbindung. Sie war schon früh angekommen und suchte etwas zu lesen.

> Mein Vater kommt ins Zimmer. Ich glaube, er ißt etwas... einen Hamburger oder so etwas, weil Mutter ihn anschaut, und der Magen dreht sich ihr um... Er sagt: »Wie ich sehe, hast du etwas zu lesen gefunden.« Sie erwidert: »Ja, es ist sehr seltsam. Es heißt *Philosophie im Boudoir* von Marquis de Sade.« Er hatte nie davon gehört und fragte sie: »Was ist so seltsam daran?« Da liest sie ihm ein paar Sätze vor.

Sarah legte die Hände über die Augen und zitierte langsam den folgenden Abschnitt, der tatsächlich aus der *Philosophie im Boudoir* stammt:

»Wo ist der gut veranlagte, das heißt mit kraftvollen Organen ausgestattete Mann, der nicht den Wunsch hegt, dann auf die eine oder andere Weise seinen Partner zu schikanieren? Ich weiß wohl, daß eine Unzahl von Toren, die sich niemals von ihren Gefühlen Rechenschaft gibt, die Systeme, die ich aufstelle, kaum versteht; doch was kümmern mich diese Dummköpfe!... Würden Sie mir wohl erlauben, Madame, Ihr schönes Fleisch zu beißen und zu kneifen, während ich ficke?«

Es verblüffte uns beide sehr, daß sie – vermutlich aus der unbewußten Erinnerung – imstande war, diese Passage zu zitieren. Wir gingen den Abschnitt mehrmals durch und lösten Sarah langsam und vorsichtig davon ab. Interessanterweise entsprach die darin enthaltene Einstellung ihrer eigenen Ansicht von dem, was Männer über Frauen im allgemeinen und über sie im besonderen denken. Als diese konzentrierte Anspannung vorüber war, fühlte Sarah sich erschöpft, aber heiter. Endlich hatte sie sich von diesen einengenden Vorstellungen befreit.

Obwohl Sarah von dem Marquis de Sade gehört hatte, behauptete sie, sein Werk nicht zu kennen, nicht zu wissen, wann er gelebt hatte und worin seine Philosophie bestand. Ihre Erinnerung an diesen Abschnitt, den ihre Mutter unmittelbar vor der Entbindung laut vorgelesen hatte, war das dritte unerklärliche Vorkommnis im Laufe ihrer Behandlung. Auf ähnliche Phänomene werde ich später noch ausführlicher zu sprechen kommen (s. S. 152 ff.).

Sarah hatte ihre erste schmerzlose sexuelle Erfahrung innerhalb von wenigen Tagen nach der »de Sade«-Sitzung. Die Unterleibsschmerzen am frühen Morgen und die Scheideninfektion waren schon zu einem früheren Zeitpunkt verschwunden. Dieser plötzliche »Bruch« mit den Symptomen Schmerz und Schuld ist typisch für die Lösung eines sexuellen Problems.

Sexuelle Schwierigkeiten, die den traditionellen Therapien oft nicht zugänglich sind, gehören zu den Störungen, die ich mit der Reinkarnationstherapie am einfachsten beheben kann. Meist braucht es nur wenige Sitzungen. Wenn allerdings zwei Menschen sexuelle Schwierigkeiten miteinander haben, so wird damit oft nur ein tiefer sitzendes Problem in dieser Beziehung verdeckt. In den Fällen, wo die sexuellen Probleme gelöst sind, sich das Verhältnis der beiden aber trotzdem nicht entscheidend gebessert hat, muß die Beziehung selbst genauer unter die Lupe genommen werden.

Das »Todesangst-Spiel«

Liebe auf den ersten Blick – gibt es das wirklich? Zwei Menschen entdecken einander in einer Menschenmenge, und plötzlich *wissen* sie: Das ist der Mann (die Frau) fürs Leben. Damit haben sie sich zwar oft geirrt, aber das spricht nicht gegen den anfänglichen coup de foudre. Woher kommt diese heftige Anziehung? Auf die Gefahr hin, viele romantische Träume zu zerstören, vermute ich, daß manche Leute sich bereits in früheren Leben kannten und in diesem Leben unbewußt wiedererkennen. Das mag unwahrscheinlich klingen, aber alle meine Erfahrungen aus der therapeutischen Arbeit mit Ehepaaren deuten darauf hin.

Carl und Abigail Gordon kamen zu mir, weil sie einfach nicht mehr wußten, wie es mit ihnen weitergehen sollte. Sie waren Anfang Vierzig und schienen das durchschnittliche amerikanische Ehepaar zu repräsentieren: etwas übergewichtig, etwas zu viel mit ihren beruflichen Erfolgen beschäftigt – eigentlich alles sehr »normal«. Tatsächlich aber machten sie sich das Leben zur Hölle.

Abigail: Er macht mich vor unseren Freunden schlecht, bei Parties spricht er von unseren religiösen Differenzen und schließt mich aus, wenn wir Besuch haben. Er treibt immerzu »Spiele« mit mir, quält mich, droht mir mit »einer anderen Frau«, die es aber gar nicht gibt. An Kinder darf ich nicht mal denken – wer weiß, was er ihnen mit seinen psychologischen »Spielen« alles antun würde.

Aber trotzdem möchte ich mit niemand anderem schlafen... ich liebe ihn wirklich.

Carl: Ich liebe sie wirklich, aber sie macht mich wahnsinnig. Kleinigkeiten machen mich verrückt... Ich muß immer sticheln, ihr klarmachen, wie sie alles falsch macht... ich weiß, ich spiele mit ihr... Sie sagt es mir schließlich oft genug... aber ich kann einfach nicht damit aufhören. Ich liebe sie – und hasse sie zugleich. Manchmal denke ich... ich hätte lieber, oder nicht lieber, aber *wenn* ich eine Beziehung mit einem, hm... einem Mann hätte, wäre es besser. Aber ich habe kein sexuelles Bedürfnis nach einem Mann. Manche Männer finde ich zwar anziehend, aber... Ich glaube, ich habe Angst vor der ganzen Sache, ich möchte nicht überspannt sein, aber ich spiele diese Spiele mit Abby. Ich weiß, sie verabscheut das.

Ich arbeitete jeweils in getrennten Sitzungen mit Carl und Abigail, da ich fürchtete, sie würden in einer gemeinsamen Sitzung versuchen, einander zu beeinflussen, statt sich darauf zu konzentrieren, jeweils die Verantwortung für ihr eigenes Verhalten zu übernehmen. Ich wollte Abigail und Carl voneinander trennen, aber ich stellte fest, daß diese physische Isolierung ihren psychischen Kontakt nicht völlig unterbinden konnte. Das zeigen auch die folgenden bearbeiteten Mitschriften ihrer Sitzungen.

Abigail: Ich sehe eine dicke, schwarze Mauer. Ich schaue von außen darüber weg. Draußen sind Felder. Freie Flächen. Zwischen den Mauern liegt ein verfallener Garten, mit einem Teich, einem flachen Teich. Jetzt höre ich einen Gong. Ich soll hineingehen und denke: »Er will, daß ich ihm diene. Ich gehe nicht, ich bleibe einfach hier sitzen.« Da – Schreien, jemand schreit drinnen. Ich renne hinein, und der Mann... es ist Carl, ich weiß es, ich bin ganz sicher. Er schneidet wieder eine von seinen Frauen. Wir sind alle seine Frauen. Wir sind viele. Er hat eine auf den Boden gelegt und zerschneidet ihren Rücken mit einem Messer. Er dreht sich um und schaut mich an. »Komm her...«, sagt er, sehr sanft, aber in seinen Augen liegt ein Ausdruck... er ist irrsinnig, er ist blutbesudelt vom Zerschneiden dieser Frau. Sie ist tot, und die anderen Frauen schleifen den Körper hinaus. Jetzt zeigt er auf mich: »Komm her, komm her.«

»Ich will nicht«, schreie ich, in seinen Augen steht der Wahnsinn. Die anderen Frauen sind zurückgekommen und fangen auch an zu schreien. Ich reiße eine Fackel aus einem Ständer und schleudere sie auf ihn. Seine Kleider fangen Feuer, und ich renne ihm nach. Die Flammen kriechen an ihm empor. Er wirft sich in den Teich, ich komme ihm nach... drücke seinen Kopf unter Wasser. Jetzt hat er aufgehört, sich zu bewegen... er ist tot.

Carl: Es ist eine kleine Stadt... alle Häuser sind aus ungebrannten Ziegeln... Es muß... Syrien sein? Irgendwo in Syrien. Aber wir sind ein Stamm, es ist nicht unsere Stadt, durch die wir reiten... wir zwölf. Ich bin der Anführer und reite an der Spitze. Ich sehe eine Frau an einem Brunnen. Sie sieht auf, als wir einreiten. Sie ist neugierig, aber sie sieht... nervös aus.

Die Männer versammeln sich um den Brunnen. »Wir werden uns einen Spaß machen«, sage ich zu ihnen, während wir das Mädchen einkreisen. Aber ich denke, ich darf die Sache nicht zu weit treiben – vielleicht steht eine ganze Stadt voll Soldaten bereit, sie zu verteidigen. Trotzdem... wir werden uns ein *bißchen* amüsieren.

»Zwölf könnten dir vielleicht Spaß machen«, sage ich, als wir auf sie zureiten. Sie dreht sich erschrocken um. Sie sucht nach einer Fluchtmöglichkeit. Aber meine Männer sind zu schnell für sie... die Pferde versperren ihr den

Weg, wohin sie sich auch wendet.« Wir haben lange keine
Frau mehr gehabt«, sage ich. »Zwölf sind besser als einer.« Ihre Augen blicken verzweifelt, ich lache.

Aber, oh, mein Gott, sie sind über uns. Eine Reiter...
armee. Sie haben uns entdeckt, am Brunnen. Ich werfe
mich herum, aber es ist zu spät. Sie sind über uns. Jemand
zieht mich vom Pferd. Zwei Männer. Sie haben mich er-
griffen. Neben dem Brunnen ist eine Klippe, und ich – o
Gott! Ich falle.

Carls Atem ging kurz, als ob jemand ihn in den Magen ge-
boxt hätte. In abgerissenen Sätzen erzählte er von seinem
Tod, wie er in der Schlucht auf einem Felsen landete.

Das Muster, das diesen beiden Ereignissen zugrunde lag,
prägte auch die »Spielregeln« von Carls und Abigails ge-
meinsamem Leben. Obwohl Carl die Frau am Brunnen
nicht als Abigail identifizierte, behandelte er sie genauso wie
seine Frau. Ich treffe selten auf Paare, die ihren jetzigen
Partner in einem früheren Leben wiedererkennen, und
hatte daher erwartet, daß Abigails Erkennen ein isoliertes
Phänomen darstellte.

Aber das Muster dieser Beziehung sollte noch komplexer
werden:

Abigail: Ein Hotelzimmer... vor langer Zeit. Es gibt kein
elektrisches Licht, eine Gasflamme brennt an der Wand.
Ich bin nackt, und ein junger Mann kitzelt mich an den
Füßen. Wir sind beide nackt. Ich bin meinem Vater davongelaufen. Dieser Mann hat mich hergebracht, aber ich
mag ihn nicht. Trotzdem tun wir... es, aber ich fühle
nichts. Dann schläft er ein. Ich weine. Ich glaube nicht,
daß ich weiß, was mit mir geschieht. Ich bin sehr jung. Ich
gehe hinaus. Ich weiß wirklich nicht, was ich tue.

Auf der Straße merke ich, wie ein Wagen hinter mir
auftaucht. Ein Mann steigt aus. Er nimmt meine Hand,

entschuldigt sich. Er ist sehr sanft, ich fühle mich stark zu ihm hingezogen, obwohl ein... Geheimnis um ihn ist. Er nimmt mein Kleid in die Hand... wo der Wagen es mit Schmutz bespritzt hat. Er sagt: »Warum kommst du nicht mit mir, laß es mich saubermachen.« Ich weiß nicht, was ich tun soll. Aber dieser Mann ist so... er hat eine fast magische Anziehungskraft. Dann steige ich in den Wagen.

Ein Gefühl der Vorfreude. Ich bin jetzt in einem Arbeitszimmer und male Zeichen auf ein Papier. Ich weiß noch immer nicht, worauf ich mich eigentlich eingelassen habe, aber ich bekomme Essen und Unterkunft umsonst. Ich glaube, ich habe das Gefühl... dieser Mann ist nicht normal. Aber ich werde in ein schönes rosafarbenes Zimmer geführt und kriege hübsche Kleider... alles, was ich mir nur wünschen könnte.

Jemand weckt mich auf. Es ist mitten in der Nacht. Eine Frau sagt, ich werde »gewünscht«. Durch einen langen Flur komme ich an eine offene Tür. Dieser Mann ist drinnen, ganz in Schwarz gekleidet. Ich gehe auf ihn zu und stolpere über seine ausgestreckten Beine. Er lacht und fängt mich auf, dann wirft er die Tür zu. Es ist völlig dunkel. Jetzt zündet er eine Kerze an, und ich kann sehen – an den Wänden sind Folterwerkzeuge aufgereiht. Er sagt: »Wir spielen ein kleines Spiel zusammen. Es heißt das ›Todesangst-Spiel‹.«

Er führt mich an der Wand entlang, vorbei an Peitschen, Messern, Pistolen, und seine Hand gräbt sich in meine Schulter. »Jetzt mußt du spielen«, sagt er, und ich schreie.

An dieser Stelle beschrieb Abigail eine Reihe von Pseudogeschlechtsakten, bei denen der Mann ihr weiter keine Aufmerksamkeit widmete, außer daß er sie benützte und ihr Angst einjagte. Ihre Angst und ihr Unbehagen schienen ihn

mehr zu erregen als jede physische Berührung, aber letztlich
blieb er unbefriedigt und warf sie schließlich hinaus.

An diesem Punkt wollen wir wieder Carls Sitzung auf-
nehmen.

Carl: Es gibt hier so ein dummes Mädchen. Ich habe sie
hereingerufen. Dieses Haus, das ich führe, ist berühmt,
weil ich garantiert jedes Verlangen, jede Phantasie befriedigen kann. Es steht in einer aufstrebenden Stadt voller rauher Männer... San Francisco kommt mir in den
Sinn... Ich habe das Gefühl, ich bin in San Francisco.
Mein Leben hier... ich habe schreckliche Angst, daß
meine Mutter herauskriegt, was ich mache. Ich... muß
immer Ausreden erfinden, damit sie nicht herkommt,
mein Leben ist ein einziger Alptraum. Ich... es wird immer schwieriger, mich zu erregen. Meine Mädchen... ich
nenne sie Sklavinnen. Sie müssen sich allem fügen, was
ich verlange. Aber dieses Mädchen ist neu, sie ist dumm,
und sie ärgert mich. Ich habe sie in ein Zimmer gesteckt,
so wie ich es mag – ein schwarzer Raum, wo sie mich nicht
sehen kann und nicht weiß, was als nächstes passiert. Und
sie sagt: »Bitte, ich möchte das Spiel nicht spielen«, und
ich sage zu ihr: »Du mußt das Spiel aber spielen, es ist unser kleines Vergnügen.« An der Wand hängen Peitschen
und andere Instrumente... aber mit diesem Mädchen
lohnt es sich nicht. Es ist hartnäckig und langweilig.

Carls Schilderung seiner Geschlechtsakte mit dem Mädchen
in diesem schwarzen Zimmer glichen den von Abigail berichteten Erlebnissen.

Aber sie taugt nichts. Ich kann einfach keine Befriedigung finden. Schließlich werfe ich sie hinaus. Draußen
steht eine Frau, die sie in Empfang nimmt, und ich sage zu
ihr: »Sie will das Spiel nicht spielen, bring sie auf die

Farm.« An ihrer Stelle lasse ich einen Jungen hereinholen.

Diese Szenen, die Carl und Abigail in verschiedenen Sitzungen beschrieben, stammen wahrscheinlich aus demselben Leben, obwohl sie bis zu diesem Moment noch nicht gesagt hatten, daß sie einander erkannten. Die Szene warf auch ein Licht auf Carls Angst vor latenter Homosexualität, über die er in unserem anfänglichen Gespräch hinwegzugehen versucht hatte. Seine ganzen »Spiele« in dem früheren Leben schienen darauf abzuzielen, Frauen zu quälen und sich dann mit Knaben zu befriedigen.

Abigail haßte Carls Benehmen ihr gegenüber, aber sie fühlte sich machtlos, etwas dagegen zu unternehmen oder zumindest einen »Ausbruchsversuch« zu wagen. Nach dieser Sitzung fing sie jedoch an, ihre unterwürfige Haltung gegenüber Carl nach und nach aufzugeben, sie wurde selbstsicherer, und die Ehe entwickelte sich auf eine Partnerschaft hin.

Interessanterweise beschrieb Abigail ausführlich die »Farm«, die Carl erwähnt hatte. Offensichtlich wohnte sie dort. Das Gebäude lag mehrere Meilen vom Bordell entfernt, das Carl führte, und Carl und Abigail starben dort in derselben Nacht. Abigail war zusammen mit anderen Prostituierten hingeschickt worden – »ungeeigneten« und solchen, die Kinder hatten. Die Farm war in Betrieb und ein rentables Geschäft für Carl.

Carl exerzierte immer perversere sexuelle Spiele durch und war immer schwerer zu befriedigen. Schließlich kam die Nacht, da ihn weder eine Frau noch ein Knabe erregen konnte. Voller Wut stieg er auf sein Pferd und ritt zur Farm.

Carl: Ich habe sie herausgerufen. Alle Mädchen auf der Farm und die eine, die ich will. . . die eine, die ich hasse. . . jenes Mädchen aus dem schwarzen Zimmer. Ich kenne

sie. Es ist Abby. Es ist Abigail, aber sie sieht anders aus.
Sie ist es, die ich will. Alle Frauen schauen zu. Ich sitze
noch auf dem Pferd, reite auf sie zu und halte plötzlich an.
Sie fällt hin. Ich spüre, wie das von mir Besitz ergreift. Sie
hat schreckliche Angst, und ich kann nicht aufhören. »Du
wolltest meine Spiele nicht spielen!« schreie ich. »Du bist
an allem schuld!« Ich springe vom Pferd. Da ist ein Ha-
ken... eine Art Fleischerhaken, aber er wird benützt, um
die Heuballen heraufzuziehen. Er ist scharf, er hängt an
der Wand. Ich stoße sie zurück, in ihn hinein. Alle
schauen zu... Und jetzt, endlich, bin ich erregt, weil es sie
umbringen wird. Daran denke ich die ganze Zeit. Es wird
sie töten.

Carl beschrieb seine sexuelle Erregung während dieses Fol-
tertodes: Sie war untrennbar mit seiner gleichzeitigen
Haß-Liebe für die Frau am Heuhaken verbunden. Sie
schenkte ihm *den* Orgasmus seines Lebens, aber da sie dabei
starb, war das Erlebnis unwiederholbar.

Diese Situation war zum Verrücktwerden. Carl fühlte
gleichzeitig Verehrung und Haß. Er konnte die Vorstellung
nicht ertragen, daß diese Frau sozusagen Macht besaß über
seine Lust und sein Glück. Daher auch in ihrem jetzigen Leben das ständige Katz-und-Maus-Spiel; nur vor der An-
wendung von physischer Gewalt schreckte er im Gegensatz
zum früheren Leben nun zurück.

Mit fortschreitender Behandlung verlor Carl mehr und
mehr das Bedürfnis, seine Frau zu verletzen. Das Quälen,
das Spielespielen und all die »Rituale«, die er angewendet
hatte, um ihre Selbstachtung zu zerstören, erwiesen sich als
Relikte einer früheren Existenz. Die Gegenwart war nicht
halb so bedrohlich. All seine möglicherweise latent vorhan-
denen homosexuellen Impulse schienen zu verschwinden,
als die Ehe harmonischer wurde.

Auch Abigails unterwürfiges Verhalten »paßte« nicht zu

diesem Leben. Ihre Unfähigkeit, Carl zu verlassen oder zu ändern, beruhte auf der unbewußten Rückerinnerung einer Zeit, in der sie schon rein physisch nicht in der Lage war, sich zu wehren. Als ihnen beiden diese Situation klar wurde, schien sich ihre Beziehung wie von selbst zu normalisieren. Weil sie sich im Grunde wirklich liebten und sich nicht trennen wollten, arbeiteten wir daran, ihr aggressiv-zerstörerisches Verhalten gegeneinander abzubauen.

In Fällen, wo die Paare nicht aus Liebe zusammengekommen sind, sondern nur aufgrund einer Bindung aus einem früheren Leben, versuche ich nicht, die Beziehung zu stabilisieren. Ich glaube, es ist dann besser für beide, sich zu trennen und einen geeigneteren Partner zu suchen.

Der Fall von Carl und Abigail ist sehr ungewöhnlich. Ich suche selten nach einem solchen Wiedererkennen, und es kommt auch nur selten vor, daß Patienten mir freiwillig davon erzählen. Wenn es jedoch geschieht, erbringen die Sitzungen höchst interessantes Arbeitsmaterial.

Carl und Abigail gingen schließlich eine dauerhafte geschäftliche Partnerschaft ein, und indem Carl Abigail finanzielle Verantwortung übertrug, bewies er sein neu erwachtes Vertrauen in sie durch die Tat. Abigail brauchte einige Zeit, um sich an diese neue Situation zu gewöhnen, und so dauerte es eine Weile, bis die Beziehung wirklich gesundete. Dem Therapeuten fällt es nicht leicht, mit anzuschauen, wie das Leben für einen Patienten manchmal schwerer statt leichter wird, wenn er ihn mit seinem Leben, *wie es wirklich ist*, konfrontiert. Doch sind das meist nur Anfangsschwierigkeiten. Aber auch sonst bin ich der Meinung, daß ein gesunder Mensch besser dran ist als ein kranker und daß ein Mensch, der eine harte Realität meistert, lebendiger ist als einer, der sich daran gewöhnt hat, unterwürfig in einer Welt zu leben, die von der Vergangenheit beherrscht wird.

Seelentröster Alkohol

Über die physiologische Natur der Sucht wissen wir noch sehr wenig. Trotzdem hat man bei der Behandlung von Süchtigen Fortschritte gemacht. Ich habe mit vielen Drogen- und Alkoholabhängigen gearbeitet, und alle berichten sie verblüffend ähnliche Ereignisse aus ihren früheren Leben. Wonach der Süchtige auch immer süchtig ist, seine Vergangenheiten sind überreich an Situationen, in denen ihm irgendeine »Substanz« verabreicht wurde, um irgendein »Problem« zu lösen. Sehr oft handelt es sich bei diesem »Problem« um den Tod.

Obwohl es im folgenden Fall speziell um Alkoholismus geht, ist er ganz allgemein ein gutes Beispiel für die Art von früheren Lebensmustern, auf die ich bei meiner Arbeit mit Süchtigen immer wieder stoße.

Als Ben Plummer zu mir in Behandlung kam, hatte er bereits jeden Lebenswillen verloren. Er war Geschäftsführer in einem großen, aber schlechtgehenden Handelsunternehmen, das einer sehr energischen Frau gehörte. Plummer hatte den Betrieb wieder hochgebracht, zum ersten Mal seit Jahren machte die Firma wieder Gewinne – da wurde er von der Besitzerin abgeschoben. Sie argwöhnte, er würde seinen Erfolg mißbrauchen, um ihr Vorschriften zu machen. In dem Augenblick, wo ihm klar wurde, daß ihn eine *Frau* verdrängte, fing Ben Plummer an zu trinken.

Sein Verfall war dramatisch und schien unwiderruflich. Schon nach ein paar Monaten mischte er seinen Morgenkaffee mit Wodka, um das Delirium tremens zu verbergen, das ihn jeden Tag weckte. Nach einem Jahr war er in eine exklusive Entziehungsanstalt für Alkoholiker aus der Oberschicht eingeliefert worden. Die Behandlung erwies sich als katastrophal, Ben verfiel in eine fast psychotische Depression. Dieser Sanatoriumsaufenthalt lag gerade hinter ihm, als wir unser erstes Gespräch führten.

»Wenn ich in das Krankenhaus zurückgehe«, sagte er, »komme ich nicht mehr lebend raus. Ich werde dort sterben.«

Ben bewegte während des ganzen Gesprächs den Kopf leicht hin und her. Ich wußte, daß diese Geste der Hoffnungslosigkeit zum Teil das leichte Zittern seines Kopfes verbergen sollte, das sofort auftrat, wenn er versuchte, ihn ruhig zu halten. Eine irgendwie beklemmende Atmosphäre wurde so hervorgerufen.

»Ich bin zwar scheinbar fähig, meinen Verstand zu gebrauchen«, meinte Ben traurig, »aber ich kann mich nicht bewegen. Ich habe einfach zugeschaut, wie mir der Boden unter den Füßen weggezogen wurde. Alles, was ich aufgebaut hatte, wurde zerstört... manchmal glaube ich, daß ich schon tot bin. Mein Körper ist nur noch da, um den Schein zu wahren.«

Aus diesen Sätzen entwickelte sich die erste Rückerinnerung Bens an ein früheres Leben. Er beschrieb einen großen leeren Raum mit Betonwänden und ein ständiges Tropfgeräusch.

Ich bin nackt. Ich bin noch ein Kind. Ich bin ganz allein. Ich glaube, meine Mutter brachte mich hierher. Irgendein Heim... ein Gefängnis oder so etwas. Ich weiß nicht, warum ich hierher gekommen bin. Irgend etwas mit... mein Bruder ist tot. Ich habe ihn nicht getötet... aber deshalb bin ich hier. Sie glauben, ich hätte ihn getötet. Oder wir sind zusammen irgendwohin gegangen, er ist tot, und ich bin schuld... Ich werde hier nie wieder rauskommen. . . Ich möchte nur ein Ende machen. Aufhören, darüber zu brüten. Ich. . . schlage mit dem Kopf gegen die Wände. O Gott, tut das weh. Aber es liegt ein Rhythmus darin. Ich möchte, daß mein Verstand stillsteht. Aufhört, darüber nachzudenken. Ich versuche bloß, ihn aufzubrechen. . . das ist alles. Ihn aufbrechen.

Der Tod infolge Schädelbasisbruchs trat in der Notaufnahme jenes Gefängniskrankenhauses ein. Eine eher nebensächliche Bemerkung, die leicht hätte unbeachtet bleiben können, bestimmte den weiteren Verlauf unserer Sitzungen: Eine Frau hatte Ben in diesen Raum gebracht. Er betonte das ausdrücklich. . . Und es war eine Frau gewesen, deren unfaires Geschäftsgebaren seinen Alkoholismus ausgelöst hatte. Ich vermutete, daß wir noch auf weitere Beispiele für Verrat durch Frauen stoßen würden. Ben wollte diesen Weg jedoch nicht sofort verfolgen. Er erkannte, daß dieses Ereignis seine Furcht, im Krankenhaus zu sterben, teilweise erklärte. Daraufhin beschrieb er eine vergleichbare Szene aus einem Leben in Japan oder China.

Ein verzierter Raum. . . hohe Decken, zarte Bilder an den Wänden. . . aber ich bin noch allein. Ein Mann kommt herein. Ich bin festgebunden. Er reicht mir eine Schüssel mit irgend etwas zu essen. Es sieht aus wie Körner. »Nimm das«, sagt er. »Dann fällt's dir leichter. Du wirst für deine Verbrechen bestraft. Das wird dir helfen.« Dann geht er. Dieses Zeug riecht schlecht. Es erinnert an Reis, ist aber rot. . . es ist. . . ich glaube, es ist gegoren. Ich esse es oder trinke es. Es ist Alkohol drin, aber es schmeckt schrecklich. Schließlich. . . bin ich benebelt, betrunken. Ich werde hier nicht mehr lebend rauskommen. Nie mehr. Dieser Teil ist nicht ganz klar. Sie holen mich jetzt. Bringen mich weg. Ich bin in einem anderen Zimmer. Ich werde auf ein Brett gebunden. Ein Mann flößt

mir mehr von dem Zeug ein. . . Er sagt: »So entsteht etwas
Ehrenhaftes aus deiner Tat.« Sie haben mich geschnitten.
Sie schneiden mich auf. Es tut weh. Es bringt mich um.

Aller Wahrscheinlichkeit nach bezog sich die Feststellung
»So entsteht etwas Ehrenhaftes aus deiner Tat« auf den
Schmerz, dem Ben ausgesetzt war. Aber wegen der Gleich-
zeitigkeit der Ereignisse verband sein Unbewußtes den Satz
mit dem Trinken: die erste von vielen Situationen, in denen
der Alkohol gepriesen wurde. Ben beschrieb auch eine töd-
liche Verletzung nach einer Bergwerksexplosion; seine Ka-
meraden wuschen die Wunden mit Kornwhisky aus und ga-
ben ihm dann aus derselben Schüssel zu trinken. Und ständig wiederholten sie den Satz: »Es geht nichts über eine gute
Flasche Schnaps, es gibt nichts Besseres.«
    Dann erinnerte er sich an ein Ereignis aus seiner früheren
Kindheit. Er war mit seinem Vater zum Angeln rausgefah-
ren. Sie schlossen sich einer Gruppe von Männern an, die
sich beim Picknick betranken. Um seine Furcht vor diesen
Männern zu verstecken, griff Ben nach seiner ersten Flasche
Bier. Die Männer ermutigten ihn, klopften ihm auf die
Schulter, schrien: »Es gibt nichts, was durch eine gute Flasche Bier nicht leichter wird!«
    Dieses Kindheitserlebnis, das damit endete, daß ihm
schlecht wurde und er zusammenbrach, ließ eine andere
frühere Existenz aus Bens Unbewußtem auftauchen. In jenem Leben besaß er ein Karussell.

In Deutschland, glaube ich, vielleicht in Bayern. Ich mache dieses Karussell gegen zwei Uhr nachmittags in einem
kleinen Park auf, und es läuft etwa bis die Sonne unter-
geht. Das Schwindelgefühl... es ist dasselbe Gefühl wie
damals beim Picknick... weil ich immer zusehe, wie sich
die Kinder auf dem Karussell drehen. Das ist alles, was ich
jeden Tag vier oder fünf Stunden lang tue. Um sieben un-

gefähr packe ich zusammen... Ich wohne in der Nähe in einem kleinen Zimmer. Im Keller – keine Fenster. Ich gehe nach Hause, setze mich aufs Bett und trinke Bier. Trinke und trinke, bis ich einschlafen kann. Dann schlafe ich einige Stunden und trinke noch ein paar Flaschen. Dann Schlaf. Genau wie auf dem Karussell... immer rund herum. Trinken und schlafen. Bis es Zeit ist, wieder aufzumachen. Das ist alles, was ich tue. Das ist mein ganzes Leben.

Als Ben am Ende der Sitzung über dieses Leben nachdachte, sagte er mir folgendes:

Als ich im Sanatorium war, sagte mir ein Psychiater etwas, worauf ich sehr heftig reagierte: »Sie sind von Ihrem Schmerz abhängig geworden.« Ich bin richtig explodiert – ich bin nicht sicher, warum –, aber ich spürte wieder dieses Schwindelgefühl, jenes Gefühl, mit dem dieses Leben begann. Ich glaube, es war dieses seltsame Gefühl, sich immer im Kreis zu drehen... ich war abhängig von diesem Lebensrhythmus: trinken und arbeiten.

Diese scharfsinnige Analyse schien Bens Situation zu umreißen, aber ich hatte das Gefühl, daß seine heftige Reaktion auf die Worte des Arztes – »abhängig von Ihrem Schmerz« – vielleicht noch direktere Wurzeln hatte. Bens Lebensstil als Karussellbesitzer entsprach einer Art symbolischer Sucht. Da bei der Reinkarnationstherapie jedoch die »wörtliche« Ebene möglichst nicht verlassen werden sollte, hoffte ich, daß er auch noch eine echte Sucht erinnern würde.

Zu Beginn von Bens nächster Sitzung stießen wir auf ein Leben, das alle die verschiedenen Aspekte seines Problems umfaßte.

Meine Frau hat mich erwischt. Ich wußte immer, daß es einmal passieren mußte. Ich bin an einem Ort... wie das Krankenhaus, aus dem ich gerade komme... für reiche Leute mit... Problemen. Aber ich glaube, es ist wegen Frauen, nicht wegen Alkohol. Sie hat herausgefunden, daß ich ein Verhältnis habe. Aber ich trinke auch... dieser Ort ist nicht gut für mich. Sie will mich los sein. Sie geben mir hier etwas zu trinken, wann immer ich will... Ich glaube, man schreibt das frühe 19. Jahrhundert. Die Leute sind gut angezogen. Meist bekomme ich Weinbrand. Ich habe wohl ganz schön viel Geld. Ich trinke den Brandy, aber es fällt mir schwer – ich denke an sie, warum sie mir das angetan hat.

Da war er also wieder, sein Groll gegen Frauen. Dieses Gefühl verstärkte sich jetzt und schien der »Schmerz« zu sein, von dem Ben abhängig war.

Sie tun etwas... etwas ist in dem Brandy... Ich weiß es, weil sie nicht auf die Uhrzeit achten, und wenn sie zu spät kommen, werden meine Handflächen feucht. Das sind Entzugserscheinungen... Ich fühle, ich weiß es. Ich bin gewalttätig gewesen. Sie tun etwas in das Getränk, um mich ruhigzustellen. Sie wollen mich nicht heilen, sie wollen mich nur ruhig halten. Ich bekomme Kopfschmerzen, wenn sie zu spät dran sind mit dem Schnaps. Ich fange an zu zittern.

Ich kann mich nicht mehr konzentrieren. Einige Zeit ist vergangen, ich kann sehen, wie sich meine Haut schuppt. Es gibt keinen Brandy mehr. Sie bringen einfach einen Eimer... er sieht aus wie der Milchkübel eines Bauern. Süßer Wein und Opium. Ein Mann bringt ihn herein. Ich beklage mich nicht mehr... Ich bin daran gewöhnt. Er sagt: »Das ist eine Möglichkeit, Ihre Probleme loszuwerden, wenn es Ihnen egal ist, wohin Sie gehen oder wie Sie dorthin kommen.« Ich nicke ihm nur zu. . . Alles, was ich will, ist der Kübel. Ich glaube aber nicht, daß ich ihn erreichen kann. Dann geht alles ganz schnell. Plötzlich sterbe ich. Ich gebe einfach überall nach. Ich glaube, ich bin tot.

Hier trafen die drei Momente für Bens emotionale Gefährdung zusammen – die beherrschende Frau, die ihn ruinierte, die Angst davor, im Krankenhaus zu sterben, und die Abhängigkeit von seiner Situation – und führten zu einem zwar ruhigen, aber unwürdigen Tod. Die immer gegenwärtige positive Einstellung zum Alkohol, in diesem Fall von einem Krankenwärter vertreten, ließ Ben nicht loskommen von der Sucht.

Als nächstes folgte die Geburtsszene dieses Lebens.

Sie sagen ihr, sie soll pressen. »Pressen! Fester pressen!« Sie denkt, es bringt sie um. Sie schreit: »Wie bin ich da hineingeraten?« Ich komme jetzt heraus. Der Arzt sagt: »Es ist ein Junge. Ein wunderschöner Junge.« Sie wirft den Kopf hin und her: »Ich hasse ihn! Ich hasse ihn! Ich hasse ihn! Nehmt ihn weg! Weg mit ihm – jetzt, jetzt sofort!« Ich bin verwirrt, traurig. Ich weiß nicht, was ich davon halten soll. Ich liege da. Der Arzt hält mich. Er sagt: »Gebt ihr etwas gegen die Schmerzen. Es sind nur die Schmerzen. Es ist alles wieder in Ordnung, sobald sie etwas genommen hat.«

Bens Zurückweisung durch die Frau und der Vorschlag, ein »Mittel« gegen die unerträglichen Schmerzen »einzunehmen«, schlossen den traumatischen Kreis. Ben hatte jetzt seine Lage vollständig begriffen.

Aber um seine körperliche Verfassung stand es schlecht. In der verhältnismäßig kurzen Zeit intensiven Trinkens hatte er seine Leber ernstlich geschädigt. Auch das Herz und die Arterien waren angegriffen. Keine noch so umfassende

Einsicht in die psychischen Ursachen seines Handelns vermochte das zu »reparieren«. Seinen früheren Gesundheitszustand konnte auch die Reinkarnationstherapie nicht wiederherstellen. Ich riet ihm, wie ich es bei jedem Alkoholiker tun würde, nie wieder einen Tropfen Alkohol anzurühren. Den unkontrollierbaren Zwang zu trinken hatte er mit Hilfe der Behandlung gebrochen. Ansonsten konnte ich jedoch nur hoffen, daß sein neues (Selbst-)Verständnis es ihm ermöglichen würde, trocken zu bleiben.

Kopfschmerzen –
Strafe für »Unbelehrbarkeit«

Harrison Lask war ein junger Mann, der sich von heute auf morgen entschloß, alles aufzugeben. Er ließ seine Frau, seinen neun Monate alten Sohn und seine florierende augenärztliche Praxis im Stich und erzählte jedem, daß er es einfach nicht mehr schaffen würde. Ihm schien klar zu sein, daß dieser Entschluß gewissermaßen einen psychischen Zusammenbruch signalisierte, und als ihn sein Arzt an mich verwies, kam er umgehend.

In unserem ersten Gespräch beschrieb er seine Unfähigkeit, mit seiner Arbeit zurechtzukommen, vor allem die Kontrollen der State Optical Association, der staatlichen augenärztlichen Vereinigung, behagten ihm nicht. Er fühlte sich ständig bevormundet. Zu Hause »kämpfte« er mit seinem kleinen Sohn um die Liebe seiner Frau. Er sah zwar ein, daß diese Eifersucht krankhaft war, konnte aber wenig dagegen tun. Die Situation schien komplex, aber als ich ihn fragte, was ihn am meisten belastete, hatte er sofort die Antwort parat: »Meine Kopfschmerzen.«

Ich schaute meine Notizen durch. Von Kopfschmerzen war bisher nicht die Rede gewesen.

»Ich habe Kopfschmerzen. Jeden Morgen. Ich wache damit auf, wenn es anfängt zu dämmern. Nehme ich dann eine Koffeintablette, oder trinke ich viel Kaffee – bleiben sie erträglich. Sonst wird daraus eine veritable Migräne. Ich muß mich übergeben, wickle mir Tücher um den Kopf. Nichts hilft.«

Häufige Migräneanfälle können einem Menschen in der Tat das Leben unerträglich machen. Wenn man ständig Schmerzen hat, bleibt das auch im Alltag nicht ohne Folgen. Vielleicht war Harrisons Migräne die Quelle all seiner Probleme oder zumindest das »Deckproblem« tiefer sitzender seelischer Schwierigkeiten. Ihr mußten wir als erstes zu Leibe rücken. Ich bat ihn daher, die Kopfschmerzen genauer zu beschreiben. »Lassen Sie Ihr Unbewußtes ›zurückgehen‹«, forderte ich ihn auf, »und zwar bis kurz vor dem Aufwachen. . . was ist das erste, das Sie nach dem Erwachen sehen, fühlen, denken. . .«

»Ich habe Kopfschmerzen. Ich habe immer Kopfschmerzen. Aber ich muß trotzdem aufstehen. Ich muß aufstehen und etwas dagegen nehmen.«

Mit Hilfe dieser Sätze erinnerte er folgende Szene:

»Ich habe Kopfschmerzen.« Meine Mutter sagt es. Sie muß. . . ich denke, im siebten Monat mit mir schwanger sein. Mein Vater dreht sich um und sagt: »Du hast immer Kopfschmerzen. Steh auf und mach das Frühstück.« Sie sagt ihm, daß es immer schlimmer wird. Jetzt hat sie Angst. Sie soll ihn nicht so früh wecken. Er sagt: »Na, du machst mir seit Jahren Kopfschmerzen.« Sie weiß nicht, was sie tun soll. Sie steht auf und geht in die Küche. Gießt sich als erstes Kaffee ein und denkt: »Das wird helfen.«

Bekanntlich empfindet der Fötus die Gefühle der Mutter wie seine eigenen. Harrisons Mutter griff am Morgen blind zum Koffein, um ihre Kopfschmerzen zu bekämpfen. Harrison übernahm dieses Verhalten unbewußt und assoziierte es mit häuslicher Unsicherheit. Dieser Vorfall ist typisch für eheliche Entfremdung, für die Nicht-mehr-Beziehung zweier Menschen.

Ausgelöst durch diese Erinnerung an die pränatale Phase entwickelten sich in rascher Folge drei ähnliche Szenen.

Es dämmert. Irgend etwas... Falsches oder Verbotenes geht hier vor, ich weiß nicht, was. Ich bin im Wald mit einem Indianermädchen. Wir schlafen zusammen. Ich denke, das geht schon eine ganze Zeit... jeden Morgen oder so... ich mag sie sehr gern, obwohl wir verschiedene Sprachen sprechen. Es ist ein sehr enges Verhältnis... Wir sind ganz miteinander beschäftigt, aber ich weiß, daß etwas nicht stimmt. Sie schreit auf. Überall sind Indianer. Ich kann es nicht glauben. So leise. Sie haben uns eingekreist. Kämpfen ist sinnlos. Der am prächtigsten geschmückte von ihnen kommt auf mich zu. Er wirft mir ein Lederband um die Stirn, mit einem Stock dran, den man drehen kann, damit es enger wird. Ein Band voller Schmerzen, vor allem an der Stirn... es wird immer enger. Ich schaue zu meinem Indianermädchen. Doch sie hat sich mit der Situation abgefunden, sie bewegt sich nicht. Ich liebe sie, aber dieses Gefühl mischt sich mit dem Schmerz. Der tapfere Held sagt... er spricht ein akzentfreies Englisch...: »Das passiert mit Männern wie dir... die unsere Frauen wegnehmen...« Enger und enger, alles, was ich möchte, ist ohnmächtig werden. Laß mich nur los, laß mich los. Ein Schnappen! Ein Schnappen! Mein Schädel. Einen Moment lang blendendes Licht. Dann nichts. Ich bin nicht mehr da.

Jetzt habe ich einen Strick um den Hals und das Ding um die Stirn... es ist aus Metall. Dies ist anders. Ich bin... ich bin ein Indianer, und sie sind Weiße. Ein Metallband liegt um meinen Kopf, das irgendwie... an dem der Strick befestigt ist, mit dem sie mich gefesselt haben. Jede Bewegung, die ich mache, zieht es zusammen. Ich knie, ich kann nichts tun. Ein dicker Mann sagt zu mir: »Das hast du nun davon, daß du unsere Büffel stiehlst.« Er und die anderen Männer gehen weg... ich bleibe allein. Die Büffel gehören allen. Was meint er mit »unsere Büffel?« Mein Gott, tut das weh. Ich höre... ein Pfeifen. Das muß... ich bin auf einem Bahngleis. Sie haben mich auf einem Bahngleis gelassen. Ich bin nicht am Gleis festgebunden... aber ich kann mich nicht bewegen. Jede Bewegung tut mir noch mehr weh. Oh, Jesus, jetzt kommt er. Der Zug... der Lärm... ich werde in die Luft geschleudert. In die Maschine... mit dem Kopf zuerst... Ich schwebe jetzt hinauf, ohne Schmerz. Ich bin nicht mehr in meinem Körper. Ich kann sehen, was von dem Körper übriggeblieben ist. Weit unter mir.

Jetzt renne ich. Ein Mann jagt mich. Ich bin fünfzehn. Noch immer im Wald, rennen, außer Atem. Ich komme auf diese... kleine Lichtung, und da ist er. Ein Mann auf einem Pferd. Vor ihm bin ich davongelaufen. Er hat mich überholt. Er ist sehr ruhig. Ich keuche vor Anstrengung. In der Hand hält er eine Schrotflinte oder ein Gewehr oder so etwas. Aber er scheint nicht aufgeregt. Er sagt: »Ich werde dich lehren, mit meiner Tochter herumzuziehen.« Der Lauf hebt sich, und weißes Licht kommt heraus. Ein Brüllen in meinem Kopf. Er hat mich in den Kopf geschossen. Das ist alles. Ein Brüllen. Dann nichts mehr.

Abgesehen von der oberflächlichen Ähnlichkeit dieser Ereignisse – die Indianer, der Wald, und selbst die Folterbänder in den beiden ersten Szenen –, ist das wichtigste Verbindungsglied zwischen allen drei Fällen, daß der außerordentliche Kopfschmerz stets von irgendeiner »Lektion« begleitet ist. Die Lektionen drehen sich um Liebe, Erwachsen-Werden und Handel (Besitz eines Büffels). Quälende Kopfschmerzen und Tod waren die Folgen seiner »Unbelehrbarkeit«. Harrison sah diese Verbindung selbst und sagte am Ende der Sitzung, daß er geradezu gespürt habe, wie sich die Kopfschmerzen buchstäblich von ihm »zurückzogen«, als er die drei »Dramen« durchlebte.

Wir wußten beide, daß diese drei Szenen entscheidend waren. Harrisons Unfähigkeit, im Berufsleben und in der

Ehe mit der Realität fertig zu werden, stand in direktem Zusammenhang mit diesen drei »Lektionen«. Mit seiner gegenwärtigen Migräne »reaktivierte« er lediglich die von längst vergangenen Strafen herrührenden Kopfschmerzen. Am Ende der Sitzung hatte Harrison das Gefühl, seine Kopfschmerzen ein für alle Male losgeworden zu sein. Das hielt ich für überoptimistisch, aber ich hoffte auf eine gewisse Besserung.

Statt dessen trat eine verblüffende Wendung ein. In der nächsten Sitzung berichtete Harrison, daß sich die Schmerzen vom Morgen auf den Abend und von der Stirn in den Hinterkopf verschoben hätten. Verschwunden waren sie also nicht, wie er erwartet hatte. Mit Hilfe der Beschreibung dieser »neuen« Kopfschmerzen gingen wir wieder in die Vergangenheit zurück und stießen auf eine weitere Indianerszene. Harrison war einer von zwei Männern, die im Rang unmittelbar nach dem Häuptling kamen. Er stritt mit seinem Rivalen darüber, ob es zweckmäßig wäre, einen Angriff auf eine nahe weiße Siedlung durchzuführen – im Grunde ein Kampf um die Gunst des Häuptlings.

Der Stamm schaut zu, und ich weiß, daß sie auf seiner Seite stehen. Alle außer mir wollen den Überfall. Ich sehe, wie sie mich beobachten... argwöhnisch. Aber ich habe keine Wahl, ich glaube, daß es falsch ist. Ich kann nicht mitmachen.

Der Häuptling kommt jetzt auf mich zu. Ich sitze in einem Zelt, rauche. Er sagt: »Woher hast du diese Ideen... mit dem weißen Mann Frieden schließen?« Ich weiß nicht, was ich ihm antworten soll. Es ist immer wieder dasselbe. Ich kann einfach nicht tun, was die anderen tun. Er sagt: »Du hast vielleicht recht. Aber wir müssen gehen, das ist mein Entschluß. Mein Volk will es so.« Ich muß ihm sagen, daß ich hierbleibe. Er nickt. Wir verstehen... wir tun beide, was wir tun müssen.

Der Angriff fand statt, und Harrison blieb nachdenklich in seinem Zelt zurück. Die Indianer wurden vernichtend geschlagen. Der Häuptling kehrt nicht zurück. Harrison und sein Rivale hatten keine andere Wahl, sie mußten um die Häuptlingswürde kämpfen, wie es Brauch war.

Wir sind zu Pferde. Ich habe von diesen... diesen Wettkämpfen gehört. Aber es ist anders als in der Schlacht. Wir messen einander. Ich fühle mich nicht wohl dabei. Er zielt auf mich, wirft – vorbei... Ich habe etwas das Gleichgewicht verloren, bleibe aber auf dem Pferd... Ich fühle, wie mir Blut in die Augen läuft. Er hat mich am Kopf getroffen... ich glaube über der Stirn. Ich kann mir vorstellen, wie ich aussehe, aber ich kann es nicht sehen.

Ich fühle nur das Blut. Jetzt kommt er wieder. Er wird mich töten. Er wird mich töten. Das alles passiert so schnell. Ich sehe meine Chance. Ich weiß nicht, woher ich das kann, aber ich bin vom Pferd gesprungen – auf ihn zu, ziehe ihn runter. Beide liegen wir jetzt am Boden. Ich habe einen Stein in der Hand. Ich bin über ihn gestolpert. Plötzlich war er in meiner Hand. Ich schlage auf ihn ein. Immer wieder. Er kämpft nicht mehr. Ich habe ihn getötet.

Alles geht so rasch. Ich wußte überhaupt nicht, was ich tat. Ich habe ihn einfach getötet. Wie ein Tier. Aber er ist noch nicht tot. Er ist irgendwie halbtot. Es ist sehr... seltsam... Er schaut mich an – ohne mir böse zu sein... er weiß, daß es unsere Pflicht ist... Stammesbrauch... so wie wir immer gelebt haben. Ich glaube, ich kann es nicht länger ertragen.

Harrisons Beschreibung dieses Lebens erinnerte an seine Schwierigkeiten mit der State Optical Association, die, wie ich wußte, sehr elitär war und mit höchst subtilen, differenzierenden Standesregeln operierte.

Jetzt fangen die Begräbnisriten an. . . Jemand hat mir ein
kühles Blatt gebracht – ein dickes, nasses, grünes Blatt für
meinen Kopf. Ich kann die Trommeln hören. Ich sitze auf
einem Felsen am Fluß, denke darüber nach, was ich ihnen
sagen soll – als Prediger des Friedens, der gerade einen
Mord begangen hat. Was soll ich ihnen bloß sagen?
Hm. . . Ein Stein oder. . . ich falle. . . alles dreht sich um
mich. . . jemand hat mich von hinten getroffen, mit einem
Stein auf den Hinterkopf, oder. . . ich weiß nicht, was. . .
der Schmerz. . . der Schmerz. Ich bin in den Fluß gefallen.
Es sind seine Anhänger. . . zwei von ihnen. Ich kann sie
sehen, bevor ich untertauche. Ich werde jetzt ertrinken,
ich weiß es.

Ich sehe, wie das Mondlicht auf das Wasser trifft und
sich in den Wellen bricht. Mein Mund ist voll Wasser. . .
Ich ertrinke jetzt. Ich spüre nur das Licht, das Wasser und
den Schmerz. Mein Kopf tut weh.

Diese drei »Empfindungen« – Licht, Wasser, Schmerz – ließen in Harrison die Geburtsszene dieses Lebens wieder
wach werden.

Das Licht. . . eine Taschenlampe. . . der Arzt führt sie
nach innen. . . ich kann den Druck überall spüren. . . Er
sagt: »Es sieht so aus, als sei sein Kopf in der richtigen
Lage. Verdammt, er bleibt hier stecken.«

Harrison beschrieb das Einführen eines metallischen Ha-
kens, der ihn oben am Schädel traf. Plötzliche Kältegefühle
durchzuckten ihn.

Ein Schauer durchläuft mich, aber ich glaube nicht, daß
ich tatsächlich zittere. . . es fühlt sich nur genauso an. Er
hält dieses Metallding an meinen Kopf. . . und sagt: »Er
sitzt fest. . . was habe ich gesagt.« Jetzt steckt er mir seinen

Finger in den Mund... ich ersticke... oder ertrinke. Er zieht. Zieht... und ich bin draußen. Ich glaube, ich fange jetzt an zu atmen. Überall gleißendes Licht. Alles ist so verwirrend... aber trotzdem eine Erleichterung.

Die Finger im Mund, die Taschenlampe, das kalte Metall, das Harrisons Kopf von hinten berührte, das alles spiegelte seinen Tod im Fluß wider. Bevor Harrison das volle Bewußtsein wiedererlangte, sagte er, wie nach seiner ersten Sitzung, er fühle, wie sich der Schmerz aus seinem Kopf zurückzieht und eine neue »Klarheit« über ihn zu kommen scheint. Als Harrison zur dritten Sitzung kam, hatte er nur noch zweimal in der Woche Kopfschmerzen, und nach der vierten waren sie völlig verschwunden.

Die Kopfschmerzen waren das einzige Symptom, das ich – erfolgreich – behandelte. Harrison zog sich trotzdem von der State Optical Association zurück und gab seine Augenpraxis endgültig auf. Er wollte lieber so leben, wie es seinem Wesen entsprach, anstatt nach weiteren psychischen Ursachen für seine beruflichen Schwierigkeiten zu suchen. Seine Ehe war ihm wichtiger als seine Karriere, und ohne die Kopfschmerzen konnte er sich darauf konzentrieren, sie wieder in Ordnung zu bringen.

Reinkarnationstherapie ist, wie gesagt, darauf angelegt, bestimmte einzelne Symptome zu eliminieren. Ich habe Patienten gehabt, die lange nach der ersten Behandlung wieder zu mir zurückkehrten, um einen Aspekt ihres Verhaltens durchzuarbeiten, den wir zunächst übersehen oder nicht weiter verfolgt hatten. Es würde mich nicht wundern, wenn auch Harrison Lask eines Tages wieder in meiner Praxis auftauchen würde, aber vielleicht kommt er auch nicht. Wenn er so mit seinem Leben zufrieden ist, ohne sich weiter zu ändern, dann hat er bei mir ja auch nichts mehr zu suchen.

»Ich wünschte nur, sie würden mich in Ruhe lassen«

Familie und Nachbarschaft betrachten ein überaktives Kind meist als eine rechte Plage. Diese Verhaltensstörung tritt zwischen dem Vorschulalter und der Pubertät auf, gelegentlich auch noch später. Ihre Opfer sind zapplig, unfähig, sich zu konzentrieren, unfähig, Wissen mit normaler Geschwindigkeit aufzunehmen, und praktisch ständig in Bewegung. Von medizinischer Seite wird herzlich wenig für sie getan, man gibt ihnen lediglich irgendwelche Tabletten, um sie »ruhigzuhalten«. Diese Drogen, so vermute ich, helfen mehr der Umwelt des überaktiven Kindes als dem Kind selbst.

Um mit der Reinkarnationstherapie überhaupt sinnvoll beginnen zu können, muß der Patient erst mal von den Tabletten wegkommen, da man sonst keinen Zugang zu seinem Unbewußten erhält. Als Chuck James zu seiner zweiten Sitzung in meine Praxis kam, hatte er eine Woche lang keine Tabletten genommen, und ich hatte mich nach besten Kräften bemüht, alle losen Papiere, zerbrechlichen Aschenbecher und andere kleineren Gegenstände aus dem Weg zu räumen. Chuck, elf Jahre alt, rothaarig und so dürr, daß er wie mit Drähten zusammengehalten aussah, brachte es trotzdem fertig, seinen Stuhl umzustoßen und die Notizen, die ich mir in der ersten Sitzung gemacht hatte, mit auf den Boden zu reißen.

»Da sehen Sie es selbst, Doktor«, rief seine Mutter. »Ohne Tabletten schaff ich es nie, ihn unter Kontrolle zu halten.«

In Mrs. James Stimme lag eine Art trotziger Triumph. Eine mehr oder weniger unbewußte Feindseligkeit gegenüber ihrem Sohn war unverkennbar. Zum Teil bestand sie wohl deshalb so darauf, ihn mit Tabletten zu füttern, um ihm zu beweisen, daß er kein normales Kind war, keines, das je so sein würde wie andere Kinder.

Meine Beurteilung dieser Mutter-Sohn-Beziehung stützte sich natürlich nicht auf diese eine Bemerkung; ich wußte bereits einiges über Mrs. James' Ehe im allgemeinen und über die Zeit der Schwangerschaft im besonderen. Ich war sicher, daß eine ganze Reihe von Chucks Problemen in seiner recht unruhigen pränatalen Phase ihren Ursprung hatten.

Mrs. James war siebzehn Jahre alt und unverheiratet, als Chuck gezeugt wurde. Ihre kurze Ehe mit Chucks Vater stand von Anfang an unter keinem guten Stern und war von häufigen, heftigen Gefühlsausbrüchen belastet. Das Paar lebte bei der Mutter von Mrs. James, die den Gatten ihrer Tochter ablehnte, wegen dem, »was er ihr angetan hatte«. Trotzdem erlaubte sie ihrer Tochter nicht, das Kind abtreiben zu lassen. Eine so extrem gespannte Situation muß den heranwachsenden Fötus beeinflussen.

Als Chuck sich ein wenig beruhigt hatte und wir mit der Sitzung anfangen konnten, stieß er in seiner Erinnerung als erstes auf pränatale Bilder. Wenn er über sein Zuhause sprach, sagte er immer wieder: »Ich wünschte nur, sie würden mich in Ruhe lassen.« Mit diesem Satz begannen wir dann auch die Behandlung.

»Laß mich bloß in Ruhe... laß mich bloß in Ruhe...«
Meine Mutter sagt es... ich bin ein ganz kleines Baby. Ich bin noch nicht wirklich ein Baby... Ich sehe nur Grau um mich herum... Ich bin noch in ihr. Ich bin drei Monate da... meine Mutter sagt: »Laß mich in Ruhe, laß mich bloß in Ruhe.«

Chuck wiederholte den Satz immer wieder, bis sich seine Stimme in panischer Angst überschlug und er zu weinen anfing.

»Was passiert?« fragte ich.

Mutter weint, Großmutter steht neben ihr, sieht auf sie herunter. Großmutter sagt: »Du mußt etwas tun. Du kannst nicht ruhig zusehen und es auf dich zukommen lassen«... ich glaube, sie haben gerade herausgefunden, daß ich... da bin... Alle sind sehr aufgebracht... Großmutter sagt: »Wie kannst du nur so ruhig sein? Dabei kann man doch nicht ruhig bleiben!«

Das ist Chucks erste pränatale Erinnerung – der Befehl, nicht ruhig zu sein. Chuck verfolgte diese Bemerkung weiter und gab den folgenden Dialog zwischen seiner Mutter und seiner Großmutter wieder:

Mutter: »Ich weiß nicht, was ich tun soll. Ich bin so verwirrt – laß mich doch in Ruhe.«

Großmutter: »Jedenfalls mußt du diese Medizin nehmen.«

Mutter: »Diese ganzen Tabletten machen mich krank. Ich will eine Abtreibung. Ich kann es nicht mehr aushalten. Dieses Kind wird mich noch wahnsinnig machen!«

Mrs. James hatte von ihrer eigenen Mutter gelernt, daß Tablettengeben ein Ausdruck von Feindseligkeit ist. Sie konnte ihren Sohn nur so behandeln, wie sie selbst behandelt worden war. Das war Chucks erste Erfahrung mit Tabletten in diesem Leben. Er setzte sie mit Strafe gleich, mit Unartig-Sein.

Es ist jetzt später... ich bin immer noch in meiner Mutter, aber es ist später. Mein Vater ist da. Er kitzelt Mutter. Er

hält sie fest und kitzelt sie überall. Sie haßt das. Sie schreit:
»Aufhören! Aufhören!« Sie hat die Beherrschung verloren.
Sie lacht... aber in Panik... ich kann es nicht aushalten! Ich
meine... sie kann es nicht aushalten... wir... es ist das gleiche, sie und ich... wir werfen uns herum, ganz verrückt, völlig hysterisch und zitternd...

Als Chuck diese Szene beschrieb, zog und zerrte er an dem
Bezug des Sofas, auf dem er lag, die Knie hatte er bis zum
Kinn hochgezogen, und mit den Füßen schlug er krampfar-
tig aus. Wir brauchten mehr als die übliche Zahl von Wiederholungen, um ihn abzulösen; wir durchliefen dieses Ereignis viele Male, ehe seine Bewegungen wieder normal waren. Aber kaum lag er ruhig atmend auf der Couch, ver-
krampfte er sich erneut, seine Gesichtsmuskeln spannten
sich.

»Wo bist du?« fragte ich.

»Auf einem Schulhof«, antwortete er.

In der Klasse war Chuck der reinste Lehrerschreck, Strafen waren sein täglich Brot. Die Schule war eines seiner
Haupttraumata.

Ich bin noch in meiner Mutter. Sie versucht, die Schule zu
beenden... aber es ist zu schwierig. Alle machen sich über
sie lustig, weil ich in ihr bin. Ihr ist die ganze Zeit
schlecht... sie denkt: »Ich muß hier irgendwie rauskommen.« Sie möchte sich ihren Weg freikämpfen. Das sagt
sie, aber es kommt mir vor, als ob ich mich freikämpfen
möchte, wenn sie es sagt. Ich will mich freikämpfen... ich
bin... nicht mehr da. Ich bin in einer Zelle. Wie eine Ge-
fängniszelle. Ich bin gefangen.

Dies war das erste frühere Leben, das Chuck entdeckte. Er
war im Gefängnis, weil er seinen kleinen Sohn ermordet hatte. Es schien um 1940 zu sein, irgendwo in Amerika.

Ich weiß nicht, worauf ich warte. Ich muß hier irgendwie rauskommen. Sie werden mich holen. Jemand ist an der Tür. »Es ist Zeit, gehn wir.« Ich kämpfe mit ihnen. Sie schleifen mich einen langen Gang entlang. Es ist dunkel... feucht. Ich höre irgendwo Wasser tropfen, und ich fange an, um mich zu schlagen und zu schreien. Ich bin außen ganz taub – ich kann es nicht einmal fühlen, wenn sie mich anfassen. Sie binden mich auf einem Stuhl fest. Es ist der elektrische Stuhl. Ich kämpfe, stoße, schreie, aber es hilft nichts. Ich weiß, was passieren wird. Ich bin allein in diesem Raum. Plötzlich ein Einbruch von weißem Licht. Aber in meinem Kopf... mein Körper schlägt gegen die Riemen... zitternd, vibrierend... mein Verstand springt. Es ist der Schock... die Elektrizität. Dann – ein riesiger heller Lichtstrahl. Und es hört auf. Der Strom ist ausgeschaltet. Ein Mann kommt herein... legt mir den Kopf auf die Brust... sagt: »Das ist ein ganz Zäher... er ist immer noch nicht tot.« Er spricht von mir. Noch einmal zerspringt etwas in meinem Kopf. Sie haben noch einmal angeschaltet.

Hier biß Chuck die Zähne zusammen und zitterte einen Augenblick lang. Dann entspannte er sich.

»Ich bin tot«, sagte er.

Chuck hatte die Todesszene eines früheren Lebens herausgegriffen sowie den pränatalen Vorfall, der die Erinnerung daran ausgelöst hatte. Die aggressive Angst seiner Mutter, ihr Gefühl, in der Schule gefangen zu sein, hatten jene vergleichbaren Gefühle zurückgerufen, die Chuck empfand, als er in der Vergangenheit den Tod auf dem elektrischen Stuhl erlebte. In der Schule fühlte er sich wie ein wahnsinniger Todeskandidat; sein Verhalten war das eines Menschen, der unter Elektroschocks steht. Für Chuck war das Leben ein ständiger Kreislauf: auf trotziges Warten folgten Ausbrüche von unkontrollierbarer Heftigkeit – sein

Äquivalent für die Hinrichtung auf dem elektrischen Stuhl. Er hatte Schuldgefühle, weil er unfähig war, sich zu beherrschen, und seine Mutter beschämte ihn, weil sie immer »Erklärungen« über ihn abgeben mußte.

Dieses Schuldgefühl war jedoch noch an einen anderen Elektroschock gebunden.

Ich bin auf einem Feld, ich bin noch ein Kind... so wie jetzt, aber noch jünger. Ich bin barfuß. Auf dem Gras liegt Tau... sehr hohes Gras, ich fühle, wie meine Hosenaufschläge naß werden. Ich laufe nur herum... es ist ein so schöner Tag... Mein Vater fährt mit einem Wagen über das Feld. Er kümmert sich kaum um mich, aber er winkt. Ich laufe durch das Gras auf ihn zu. Zwischen uns liegt ein Drahtzaun, und ich greife danach. Ein starker Stoß. Dieser Zaun muß elektrisch geladen sein. Ich hänge fest... ich kann nicht davon loskommen. Ich schreie und ich... ich zapple... meine Mutter schreit auch, ich sehe sie schreiend auf mich zurennen. Sogar während der Strom durch mich hindurchgeht, kann ich sie hören. Sie sagt: »Ich habe dir gesagt, du sollst auf ihn aufpassen! Du hast deinen eigenen Sohn mit dem verdammten Draht umgebracht!« Er schreit: »Rühr ihn nicht an! Rühr ihn nicht an!« Er stößt mich mit einem Stock, versucht, mich vom Draht zu lösen. Sie ist hysterisch, schreit und springt. Er stößt weiter, stößt mich zu Boden.

Chuck überlebte, trug aber einen schweren Gehirnschaden davon. Obwohl er begriff, was um ihn herum vorging, wußten seine Eltern nichts von dieser seiner Fähigkeit. Sie stritten offen in seiner Gegenwart und diskutierten über ihn, als ob er taub wäre. Er mußte hilflos zuschauen, wie ihr Verhältnis in dieser Atmosphäre voll Bitterkeit und gegenseitigen Vorwürfen langsam kaputtging, und fühlte sich dafür verantwortlich.

Viele Ereignisse in Chucks pränataler Zeit drehten sich um dieselben Gefühle. Da seine Eltern *nur* deshalb heirateten, weil er nun mal gezeugt worden war, und da die Ehe für beide die Hölle bedeutete, kam er bereits mit überwältigender Schuld belastet auf die Welt. Aus diesem Grund bewegten wir uns immer wieder zwischen der pränatalen Phase und diesem zweiten Elektroschock hin und her, bis wir endlich seine völlige innere Loslösung von diesen Traumata erreichten.

Erst in der letzten Sitzung kamen wir zur Geburtsszene.

Auf dem Tisch. Sie liegt da, und ich denke: »Ich möchte hier raus.« Ich strample wie verrückt. Der Arzt sagt: »Sehr lebhaft«, und eine Schwester ist auch da. Sie meint: »Besser zu lebhaft als umgekehrt.« Mutter schreit. Sie reden immer wieder auf sie ein: »Beherrschen Sie sich. Fassen Sie sich.« Sie zittert. Ihr ganzer Körper windet sich in Krämpfen... wie hysterisch... sie geben ihr eine Spritze. Jetzt kann ich Licht sehen. Es ist kalt. Helles, strahlendes Licht. Der Arzt zieht an mir. Sie ist noch immer außer sich. Man hält sie fest. So wie vorhin. Eines ist sicher – diese Spritzen helfen überhaupt nicht.

Seit dem Ende dieser Sitzung hat Chuck keine Medikamente mehr genommen oder gebraucht, um seine Überaktivität in den Griff zu bekommen.

Es ist unmöglich vorherzusagen, wie schnell eine Behandlung Erfolge zeitigt. Obwohl Patienten selten länger als drei Monate zu mir kommen, dauert es manchmal auch nur ein paar Wochen. Bei einem Fall wie Chuck, wo sich die traumatischen Ereignisse in einigen wenigen Vorfällen aus früheren Leben und in der pränatalen Phase konzentrieren, tritt die Besserung im allgemeinen sehr rasch ein und ist auch von Dauer. Außerdem ist die Arbeit mit Kindern meist besonders befriedigend; sie sind von der Gesellschaft

noch nicht dazu erzogen, die Vorstellung von Reinkarnationen abzulehnen, und daher aufgeschlossener für diese
Technik.

Krebs – verhängnisvolles Bündnis von Körper und Geist

Wohl keiner meiner Patienten sah sich einer so schwierigen, ja, tragischen Situation konfrontiert wie Kay Folger. Sie war vierundzwanzig Jahre alt, stand kurz vor der Hochzeit und freute sich auf ein Leben als Ehefrau und Mutter, als sie nach einer routinemäßigen Vorsorgeuntersuchung erfuhr, daß ihre Befunde auf Gebärmutterhalskrebs im Anfangsstadium hindeuteten. Ihr Gynäkologe war für eine Totaloperation – was natürlich zugleich bedeutet hätte, daß Kay nie Kinder zur Welt bringen könnte. Nicht gerade der ideale Start für eine Ehe. Kay zögerte die Operation hinaus, sprach schließlich mit ihrem Hausarzt, und der verwies sie an mich.

In manchen Kreisen gelten meine Ansichten über Krebs als ausgesprochen radikal. Ich habe schon lange das Gefühl, daß Krebs der »Auswuchs« emotionaler Probleme ist, wenn ich auch nie behaupten würde, daß der physische Schaden, den ein einmal ausgebrochener Krebs angerichtet hat, behoben werden kann, wenn man die ursächlichen psychischen Schwierigkeiten aufdeckt. Bei Kay gab es noch keine Anzeichen für tatsächliche physische Schäden, und ich glaube, ihr Fall ist die stärkste Stütze für meine Ansichten über Krebs.

Als ich mit Kay sprach, kam ich rasch dahinter, daß ihre große Vorfreude auf die Ehe im Grunde tiefsitzende Ängste überdeckte. Einmal hatte sie wegen der vorehelichen sexuellen Beziehungen zu ihrem Verlobten Schuldgefühle, zum anderen fürchtete sie sich vor den Entbindungsschmerzen. Ihr Selbstvertrauen schwand; sie fing an zu bezweifeln, daß sie die emotionale Stärke oder Weisheit aufbringen würde, die nötig ist, Kinder aufzuziehen. Als das Hochzeitsdatum näher rückte, verstärkte sich ihre zunächst nur vage Unsicherheit, und sie war wie besessen von der Vorstellung, den in der Zukunft an sie gestellten Anforderungen nicht genügen zu können. Jetzt mußte sie sich plötzlich mit einem kranken Uterus auseinandersetzen. Ich war mir absolut sicher, daß hier Psyche und Soma ein verhängnisvolles Bündnis einzugehen drohten, daß Kays Einstellung zur Ehe an ein bestimmtes Streßmuster gebunden war, das wiederum ihre Gebärmutter in ständiger Anspannung hielt und so für Krebs besonders anfällig machte.

Das erste Ereignis, auf das Kay während der ersten Sitzung stieß, lag in ihrer pränatalen Phase. Der Grund dafür dürfte einleuchten. Ihre stärkste Verbindung mit dem Uterus stammt aus jener Zeit, wo sie sich in einem befand. Bevor sie anfing, sich ihre pränatalen Erfahrungen ins Gedächtnis zurückzurufen, sagte sie mir, daß ihrer Ansicht nach die Ehe ihrer Mutter »fünfundzwanzig Jahre Streß« bedeutete, und daß ihr Vater sich »einen Dreck um die Kinder gekümmert habe«. Gleich die erste pränatale Erinnerung Kays zeigte nur zu deutlich, wie recht sie damit hatte.

Kays Eltern unterhalten sich im letzten Schwangerschaftsmonat.

Sie sagt zu ihm... irgendwie mehr resigniert als ärgerlich...: »Was mir jetzt noch gefehlt hat, ist ein weiteres Kind. Ich bin so müde, ständig so erschöpft. Ich komme mit den beiden, die ich habe, kaum zurecht...«, und er hört nicht einmal zu. Er sagt: »Ach wo, du wirst es schon schaffen. Was willst du denn machen? Sterben?«

Der Satz: »Was mir jetzt noch gefehlt hat, ist ein weiteres Kind«, hatte sich in Kay festgesetzt. Ein paar Wiederholungen lösten folgende Assoziationen aus:

Das einzige, was mir jetzt noch fehlt, ist ein weiteres Kind... aber nun klingt es anders... eine männliche Stimme sagt es. Ein Mann, der neben mir steht. Ich liege auf einem Bett... in einem Haus... einem Steinhaus... und bringe ein Kind zur Welt. Wir sind zu dritt – ich, mein Mann und eine Hebamme. Es ist wohl irgendwo in Europa... Gemälde an der Wand... Jagdbilder und solche Sachen... Ich presse sehr stark. Er ist mein Mann, und er sagt: »Was mir jetzt noch gefehlt hat, ist dieses Kind – zu den zehn, die wir schon haben. Tausend Dank. Elf Jahre, zehn Kinder. Allmächtiger Gott!«

Die Hebamme versucht, ihn zu beruhigen und sich gleichzeitig um mich zu kümmern, aber nie zuvor war es so wie diesmal... ich schaffe es einfach nicht. Ich weiß nicht, was passiert. Die Hebamme weiß es... wir blicken einander an. Sie weiß, ich weiß. Jetzt kommt das Kind... sie sagt: »Etwas ist falsch... es kommt nicht richtig... O Jesus! Die Gebärmutter reißt... sie reißt auf. O Jesus, o Jesus!« Ich spüre Panik und etwas Warmes... etwas läuft mir die Beine hinunter, aber ich beginne jetzt wegzugehen, ich werde ohnmächtig... Er bittet: »Laß sie jetzt nicht sterben, laß sie nicht sterben«, aber... ich kann es kaum hören... Die Hebamme sagt: »Mein Gott, schau die Gebärmutter an... sie sieht aus wie ein Stück Käse.« Ich bin jetzt weg... ich weiß nicht – bin ich tot? Ich glaube nicht... noch nicht... ich höre seine Stimme: »Ihre Mutter hat gesagt, sie sei zu schwach... sie hätte nie heiraten sollen...« Ich verlasse jetzt den Körper, ich schwebe heraus... keine Schmerzen... nur ein Weggehen – und seine Worte: »Sie hätte nie heiraten sollen, sie hätte nie heiraten sollen.«

Dieser Tod verbindet die Vorstellungen von Ehe und Zerstörung der Gebärmutter. Das aufgebrachte Verhalten ihres Mannes wegen der zehn Kinder bedeutete für Kay, daß

Schwangerschaft den Uterus irgendwie »abnützt«, und dieses Bild – der verbrauchte, wertlose Uterus – brachte Kay in ein neues Leben, eines, in dem sie ein Mann war, ein Medizinstudent im England des 18. Jahrhunderts. Er besucht eine Anatomievorlesung.

> Ich schaue eine Zeichnung an, eine Darstellung der weiblichen Fortpflanzungsorgane... und seltsam, ich sehe, nach meiner heutigen Kenntnis, daß sie sehr primitiv ist... eigentlich völlig falsch. Aber damals wußte ich es nicht besser... ich meine... ich sehe, wie ich glaube, daß die Organe so aussehen... ich bin ein Mann... ich habe keinerlei Wissen aus erster Hand... Damals war alles so anders... Man sagt uns, daß der Fötus bereits als vollständiges Kind empfangen wird... daß er nur immer größer wird, aber nie seine Form ändert. Und der Uterus... er scheint aus Spitzentuch zu sein, wie Honigwaben... Er könnte nie ein Kind tragen... es sieht aus, als bestehe er aus lauter kleinen Löchern.

Diese Beschreibung variiert eindeutig die Aussage der Hebamme, daß Kays Gebärmutter aussähe »wie ein Stück Käse«. Ein dritter Vorfall, eine Szene aus demselben Leben, verstärkt dieses Bild.

> Ich schaue einem Chirurgieprofessor bei einer Autopsie zu... Wir haben glänzende Lederschürzen umgebunden... mehr wie Metzger als wie Ärzte, und er schneidet auch wie ein Metzger. Ich nehme an, diese Frau ist schon lange tot... zumindest mehrere Tage. Sie sieht wie... fünfzig aus, vielleicht... es ist schwer zu sagen. Er schneidet die Gebärmutter heraus... Uh, sie zerfällt einfach in Streifen. Schrecklich... sie ist bei der Entbindung gestorben. Er sagt: »Der Uterus einer Mutter von sieben Kindern. Er ist völlig zerstört, wie meistens bei so vielen Schwangerschaften.«

Im weiteren Verlauf dieses Lebens entdeckten wir, daß Kay nichts mehr mit Fortpflanzungsorganen zu tun haben wollte und Hals-Nasen-Ohren-Arzt wurde.

Mit der zuletzt geschilderten Szene stellten wir die Verbindung her zwischen Kays Vorstellung von der Ehe als einer Situation, in der die Gebärmutter ständig großen Belastungen ausgesetzt ist, und ihrem plötzlich positiven Krebstest.

Dann versuchten wir, ihren sexuellen Schuldgefühlen auf den Grund zu gehen.

Es ist kalt. Ich schüre Feuer. Ganz allein. Winter in... wo? Ich weiß nicht – es scheint Montana zu sein... Wyoming... irgendwo dort oben. Ich bin in einer Hütte, warte, und ich weiß, ich bekomme ein Kind. Man sieht es noch nicht, aber ich denke nur daran... ich will dieses Kind nicht verlieren. Ich habe schon vier verloren.

Mein Mann ist nicht da. Er bleibt meist vier Tage weg, aber jetzt ist es schon fast eine Woche. Fast eine Woche. Es ist in Ordnung, ich bin sozusagen daran gewöhnt, aber jetzt ist eine besondere Zeit. Ich möchte dieses Kind nicht verlieren, und wenn er hier wäre... ich bin ganz durcheinander. Ich habe das Gefühl, ich sollte ihn suchen, aber ich weiß nicht wo. Trotzdem, das Warten... es bringt mich um. Aber wenn ich jetzt gehe – es wird schon dunkel, ich stehe auf der Haustürschwelle. Es ist klar... kalt. Kein Schnee.

Plötzlich hört man... eine Art Kriegsgeschrei. Aus dem Wald. Ich spüre, wie sich mein Unterleib zusammenkrampft. Ich möchte ins Haus laufen, aber ich weiß, was passiert. Er kommt aus dem Wald... Daniel, so heißt er, Daniel. Er ist zerschnitten. Sie haben... in seine Haut Muster geschnitten. Er läuft auf mich zu... ein stolperndes, ruckartiges Laufen über die Felder. Ich habe davon gehört... wie die Indianer das machen... dieses rituelle... Schnitzen... aber es ist unvorstellbar. Wie ein Fischgrätenmuster auf den Armen und auf der Brust... Ich weiß, er kommt hierher. Ich sollte laufen, auf ihn zulaufen, aber ich stehe wie angewurzelt. Aber er wird es schaffen... er ruft mir etwas zu, er erreicht mich. Er will sprechen. Dann höre ich es. Ein dumpfer Schlag. Gegen mich. Er fällt auf mich. In seinem Rücken steckt ein Pfeil. Ich erbreche mich. Ich wünschte... oh, ich wünschte, ich müßte es nicht tun... erbrechen, jetzt, ich wünschte, ich könnte es ertragen. Ich kann nicht. Ich kann nicht.

Als Kay ihren Ekel schilderte, konnte ich ihre Scham sehen, ihre Angst, ihre Erniedrigung, weil sie nicht mit dieser Krisensituation fertig wurde. Aber das war erst der Anfang.

Einer der »Helden« blickt auf mich herab. Er wartet, bis ich fertig bin. Ein junger, sehr großer Indianer. Auf einem Pferd. Er steigt ab und nimmt mich am Arm. Ich möchte ja, daß jemand mich führt, aber ich denke... rühr mich nicht an... verletz das Kind nicht. Aber Daniel ist tot... wem liegt an meinem Kind. In meinem Kopf dreht sich alles. Er nimmt meinen Arm... gebieterisch... doch offensichtlich ohne Brutalität... er führt mich nur ins Haus.
Wir sind drin, oh, mein Gott, jetzt gibt es nur eins, was dieser Mann tun kann. Er legt mich aufs Bett und fängt an, mich zu berühren. Mich auszuziehen. Ich weiß nicht, ich weiß nicht. Ich bin... dieses schreckliche Schamgefühl... auf meinem ganzen Körper. Er schaut meinen Körper an. Aber er ist so sanft. So... weich. Ich kann nicht... ich kann sowieso nichts tun. Nein, das ist nicht wahr... ich kann nicht anders reagieren... ich bin... er erregt mich.

Kay beschrieb einen langen zärtlichen Liebesakt, an dessen Ende sie einen ungeheuren Orgasmus hatte. Diese physische Empfindung war mit einem überwältigenden Schuld- und Schamgefühl verbunden, weil sie mit dem Mörder ihres Mannes im Bett lag, nur wenige Augenblicke, nachdem der Mord geschehen war. Ihre Gefühle, die schon zu Beginn dieser Episode verwirrt waren, als sie versagte und ihrem Mann nicht zu Hilfe eilte, sind jetzt zu einem unentwirrbaren Knäuel aus Lust, Schuld, Scham und Angst verwoben.

Er schaut auf mich herunter und spricht in einer Sprache, die ich nicht verstehe... es klingt sehr sanft, aber ich verstehe nichts. Ich weiß nicht, was er sagt. Schließlich wird mir klar, daß es um irgendeinen Stammesbrauch geht. Entweder er oder ich. Er oder ich. Eine Messerklinge kommt auf mich zu. An die Kehle. Die Kehle. So plötzlich. Ich fühle, wie mir das Blut den Hals hinunterläuft. Auf die Brust. Und jetzt mein Bauch. Ich winde mich, krümme mich, ich weiß nicht mehr, was ich tue. Irgend etwas... nur mach ein Ende, mach ein Ende... Er schneidet mich bis hierher auf. Mein Schoß. Mein Kind. Er hat es getroffen. Das kann mir nicht mehr bewußt sein. Ich muß schon tot sein. Ich muß. Aber etwas ist noch da. In meinen Gedanken, oder was davon noch übrig ist. Dieses Gefühl... es ist nicht direkt ein Gedanke. Er hat das Kind getötet... er hat mich getötet. Mich und das Kind.

Wir konnten den genauen Moment des Todes nicht bestimmen, aber eines ist sicher: Kay hatte erfahren müssen, daß ein Orgasmus unwiderruflich mit Tod, Schuld und Verletzung der Gebärmutter verbunden ist.

Nach dieser Sitzung arbeiteten wir Todesszenen verschiedener Leben durch, in denen Kay während der Schwangerschaft gestorben war, und beschäftigten uns ausführlich mit ihrem Leben als Eskimofrau, wo sie mit einem ungeborenen Kind im Schoß erfror. In diesem Fall konnte sie genau angeben, wann der Tod des Fötus eintrat: Erst lange nachdem sie selbst schon von Taubheit und Bewußtlosigkeit überwältigt worden war. Diese Situation rief ungeheure Schuldgefühle in ihr hervor, sie war buchstäblich schon gefroren, unfähig, sich zu bewegen, während ihr ungeborenes Kind noch in ihr strampelte und wimmerte.

In dem letzten Leben, das ich mit Kay durcharbeitete, wurde sie überhaupt nicht schwanger. Sie war der zweitgeborene Zwilling in einer zwölfköpfigen, äußerst armen Familie, die zur Zeit der schrecklichen Kartoffel-Hungersnot in Irland lebte. Kay erinnerte sich, daß ihre Mutter keine Milch für sie hatte, und daß sie ersatzweise an einem in Sirup getauchten Mehlsacktuch saugen mußte. Sie war ein ungewöhnlich langsames Kind, und in der Familie sprach man davon, daß sie leicht »angeknackst« sei, womit alle möglichen geistigen Krankheiten gemeint sein konnten, einschließlich Retardation. Mit vierzehn Jahren hatte sie noch nicht menstruiert, und ihre Mutter regte sich schrecklich auf bei der Vorstellung, Kay könnte unfruchtbar sein. Da sie überzeugt war, Kay sei »vom bösen Geist besessen«, ging sie mit ihr zu einem Priester statt zu einem Arzt.

Ich kann meine Mutter mit ihm sprechen hören... Ich liege im Haus, nackt unter einem Laken. Sie sind draußen. Sie sagt: »Sie hat keine Gebärmutter. Es ist ihre Sünde, es ist uns nicht gegeben, das zu verstehen.« Der Priester sagt etwas zu ihr, aber es ist nur ein Murmeln zu hören. Jetzt kommen sie herein. Es ist sehr dunkel, und ich habe große Angst. Ich weiß nicht einmal genau, warum... Es ist nur, ich verstehe nicht, was sie mit Sünde meint. Ich habe nichts getan. Nichts, dessen ich mir bewußt wäre. Ich liege nur unter dem Laken. Er kann mich sehen... wenn er herschaut. Er ist ein junger Mann... warum kann es nicht ein alter Mann sein? Er ist jung. In seinen Kleidern, mit einem... Weihrauchfaß, das er schwenkt. Weihrauch... und er spricht lateinisch. Sie denkt, daß ich keine Gebärmutter habe. Vielleicht stimmt es... Daran denke ich. Was fehlt mir? Ich schäme mich so. Warum schaut er mich an?... Was sagt er? Ich fange an zu weinen... zu weinen und zu weinen...

Der Tod in diesem Leben erfolgte erst viele Jahre später, aber Kay hatte nie menstruiert. Sie blieb als einzige im Haus der Familie, während die anderen Kinder heirateten und wegzogen. Als sie schließlich an einer Grippe starb, hörte sie das folgende:

> Mutter... sie ist jetzt schon eine alte Dame, sie sagt: »Vielleicht ist es das beste so. Sie war sowieso nie ganz in Ordnung. Man kann keine richtige Frau sein ohne Kinder, so viel steht fest. Man kann keine Kinder haben, ohne eine Gebärmutter...«

Kays Erfahrung in diesem Leben verstärkte viele der Gefühle, die wir schon entdeckt hatten, und fügte noch die letzte »Weisheit« ihrer Mutter hinzu: Man kann keine Frau sein ohne Kinder – man kann keine Kinder haben ohne eine Gebärmutter. Dieser Satz brachte mich auf den Gedanken, daß Kay ihre Angst vor dem Kinderaufziehen zu bewältigen versuchte, indem sie unbewußt die Zerstörung ihres Uterus herbeiführte.

Als wir darangingen, Verstärkungen für diese Gefühle zu finden, kehrten wir zur pränatalen Phase dieses Lebens zurück. Im achten Schwangerschaftsmonat schlug Kays Vater folgende Lösung vor, um der Fruchtbarkeit seiner Frau Herr zu werden:

> »Warum läßt du sie nicht einfach herausschneiden, wenn das Kind geboren ist? Die ganze Gebärmutter herausschneiden... Habe ich das nicht irgendwo gelesen?« Mut-

ter... ich kann spüren, wie sich ihre Muskeln schon allein bei dem Vorschlag verkrampfen... Sie sagt: »Wie kannst du nur so etwas sagen... Die Gebärmutter ist das Wichtigste für eine Frau. Ich werde mich nicht verstümmeln lassen, bloß damit du deinen Spaß hast!« Er ist wütend auf sie, aber sie... Sie ist irgendwie gut in solchen Situationen. Sie sieht ihm nach, wie er aus dem Zimmer geht. Aus dem Haus.

Mit diesem Argument bekräftigte Kays Mutter die Philosophie, die eine irische Mutter vor langer Zeit schon aufgestellt hatte: Die Gebärmutter ist das Wichtigste für eine Frau – eine Frau ohne Uterus ist unvollständig. Kay erzählte, daß der Gynäkologe bei den ersten Untersuchungen für den Krebstest in dieser Hinsicht sehr direkt gewesen sei.

Er sagte zu mir: »Ich hoffe, Sie gehören nicht zu den Frauen, die glauben, daß Kinderkriegen alles ist. Daß man keine ›ganze Frau‹ sein kann, ohne Kinder zu haben. Das ist nämlich Unsinn.« Ich habe sehr heftig reagiert, als er das sagte, ich glaube, er wollte mich vorbereiten. Ich bin geradezu ausfallend geworden.

Alles, was der Gynäkologe vorschlug, stand natürlich in direktem Widerspruch zu Kays »Erziehung« über verschiedene Leben hinweg. Ihre heftige Reaktion paßt genau zu den Mustern, die wir entdeckt hatten. Eine letzte Sitzung mit Kay brachte noch die beiden folgenden kurzen Szenen ans Licht, als ihre Mutter im dritten und vierten Monat mit ihr schwanger ging.

Mutter sitzt da und denkt: »Arme Ellen, sie hat Krebs...« Ellen war eine Tante von mir... sie starb. Damals muß sie noch gelebt haben. »Sie hat Krebs. Ich möchte wissen, ob sie ihn noch rechtzeitig erwischt haben. Ich möchte nicht auf diese Weise eine Brust verlieren... aber ich frage mich, ob ich auch Krebs habe. Vielleicht bin ich schwanger... hoffentlich, weiß Gott. Ich sollte den Test machen lassen... aber ich habe Angst, es herauszufinden. Ich frage mich, ob die Gebärmutter anfälliger ist als die Brust. Eigentlich möchte ich es gar nicht wissen...« Sie sitzt in einem Schaukelstuhl... draußen regnet es.

Einen Monat später saßen Kays Eltern beim Essen; Kay erinnert sich:

> Sie ißt, und sie ist sehr... nervös, sie möchte etwas sagen, wartet auf den richtigen Moment... versucht, daß es positiv klingt... Es ist ausgesprochen nervenaufreibend... mein Vater ißt einfach... Sie denkt: »Ich wünschte, er würde nur einmal von dieser verdammten Zeitung aufschauen.« Er tut es nie. Schließlich sagt sie einfach: »Nun, ich glaube, ich habe keinen Krebs. Der Arzt sagt, ich bin schwanger.« Sie weiß nicht, wie er reagieren wird. Sie spricht einfach nicht weiter. Er erwidert: »Tausend Dank, das hat uns gerade noch gefehlt – schon wieder ein Kind.«

Mit dieser Feststellung schloß sich der Kreis für Kay Folger. Der Satz, mit dem ihre Therapie begann, beendete sie auch. Sie ging erneut zu dem Gynäkologen und ließ die Gebärmutter noch einmal untersuchen. Alle Tests waren negativ. Die Hochzeit fand termingerecht statt. Zwei Jahre später hatte sie einen gesunden Jungen zur Welt gebracht.

Kays emotionale Verfassung besserte sich so rasch und stetig, daß sich der Operationsaufschub rechtfertigen ließ. Eine psychotherapeutische Behandlung bei Krebs im Anfangsstadium ist natürlich in gewisser Weise ein Spiel mit dem Feuer. Wenn sich bei einem Patienten keine Besserung einstellt, oder wenn er Schwierigkeiten hat, die Verbindung zwischen seiner Krankheit und ihren psychischen Ursachen zu entdecken, dann wird eine medizinische Behandlung unumgänglich.

Kays Fall ist ungewöhnlich, aber ich glaube, daß er auf ein noch unerschlossenes Forschungsgebiet für Vorbeugung und Behandlung einer Krankheit hinweist, die sich zusehends zu einem weltweiten Trauma auswächst.

LEBENSZYKLEN

Seit gut einem Jahrzehnt arbeite ich jetzt mit der Reinkarnationstherapie, trotzdem lassen sich nur wenige allgemeine Richtlinien und Grundsätze aufstellen. Jeder Patient ist einzigartig, jedes Problem individuell, jedes Leben geprägt von entscheidenden, das Verhalten bestimmenden Ereignissen. Eines hat sich jedoch deutlich herauskristallisiert: Die Behandlung konzentriert sich zu einem überwiegenden Teil stets auf die drei »dramatischsten« Phasen des Lebenszyklus – die pränatale Zeit, die Geburt und den Tod –, da aus diesen Bereichen die meisten Erfahrungen rückerinnert werden. Jeder dieser Phasen ist eine bestimmte Art von Trauma zugeordnet, jede hat ihren eigenen Stellenwert im gesamten Lebensablauf. Die besondere Bedeutung dieser drei Zeitabschnitte will ich in den folgenden drei Kapiteln versuchen zu umreißen.

Es folgt dann noch ein Kapitel über jenes Zwischenreich der »Leere«, wo das Unbewußte darauf wartet, sich einen neuen Körper zu wählen, wo die einzelnen Lebenszyklen enden bzw. neu beginnen. Obwohl dieser »Zustand« für viele faszinierend und voller Anziehungskraft ist, mußte ich leider feststellen, daß er für die Behandlung weniger bringt, als ich gehofft hatte. Auf die Gründe für seinen therapeutisch begrenzten Wert werde ich ebenfalls näher eingehen, aber auch einen Fall darlegen, bei dem die Erforschung des Zwischenreichs besonders aufschlußreich gewesen ist.

Im Mutterleib

Wenn es wirklich Wiedergeburt(en) gibt, dann ist jedes Leben nur eine von vielen Stationen in einem endlosen Kreislauf. Unsere Leben reihen sich wie verschiedene Reisen aneinander, die alle im Mutterleib beginnen. Jede Mutter, die je von einem strampelnden Fötus geweckt wurde, kann bestätigen, daß es schon vor der Geburt physisches Leben gibt. In der Reinkarnationstherapie entdecken wir nun, daß der Fötus auch zu *unbewußter* Wahrnehmung fähig ist – er nimmt alles auf, was um ihn herum vorgeht –, das »Erwachen« des *Bewußtseins* mit der Geburt scheint jedoch den Zugang zu diesem Unbewußten zu versperren. In der Reinkarnationstherapie erinnert sich der Patient an diese entscheidenden neun Monate zurück und stößt dort auf die Ursachen für sein (Fehl-)Verhalten.

Die pränatale Phase ist in mehr als einer Hinsicht einzigartig, aber vielleicht am entscheidendsten ist, daß nur in diesen Monaten das Unbewußte längere Zeit allein funktioniert, ohne Unterstützung bzw. Bevormundung durch das Bewußtsein. An anderer Stelle habe ich das Unbewußte einmal mit einem Tonbandgerät verglichen, das unterschiedslos alles aufzeichnet und Informationen speichert, ohne sie zu analysieren. Tatsächlich registriert der Fötus alle Gedanken der Mutter, alles, was zur Mutter und von ihr und in ihrer Gegenwart gesagt wird, als ob es an ihn gerichtet wäre.

Das ungeborene Kind, das den Anfang des bewußten Lebens erwartet, wird nachhaltig von dieser pränatalen Wahrnehmung geprägt. Ohne ein Bewußtsein, das unterscheiden oder erklären könnte, erinnert das Unbewußte alle Vorfälle aus vergangenen Leben zurück, die durch bestimmte Umstände im Leben der Mutter ausgelöst werden. Diese Ereignisse formen die Verhaltensmuster des Kindes. Mit der Geburt beginnt für das Kind ein Leben, in dem es versucht, die Erfahrungen aus früheren Existenzen zu »bewältigen«, ohne sie überhaupt zu kennen.

Weil die Lebensmuster im Mutterleib festgelegt werden, ist es für den Patienten wichtig, die Ereignisse bei seiner Empfängnis und seine embryonale Entwicklung in allen Einzelheiten durchzugehen. Jedes frühere Leben, auf das er trifft, *muß* mit einem Vorfall in der pränatalen Periode dieses Lebens in Zusammenhang stehen. Wir können den Patienten nicht von früheren Leben ablösen, ohne ihn auch von dem pränatalen Vorfall abzulösen, der seine unbewußte Erinnerung daran aktiviert hat. Deshalb umfaßt eigentlich jede Sitzung auch die Durcharbeitung pränatalen Materials.

Man kann die pränatale Zeit in vier verschiedene Phasen unterteilen: den Augenblick der Empfängnis, die Zeitspanne, wo die Mutter vermutet, daß sie schwanger ist, den Augenblick der Gewißheit und die verbleibenden Monate bis zur Geburt. Jede dieser Phasen ist anfällig für eine bestimmte Art von Trauma. Der Patient wird jedoch selten so systematisch vorgehen bei der Rückerinnerung. Grundsätzlich lasse ich ihn mehrere Ereignisse aus früheren Leben schildern, die durch ein ähnliches Trauma verbunden scheinen, und danach bitte ich ihn, sich in die pränatale Zeit zu versetzen und den Vorfall oder Satz zu finden, der diese Erinnerungen an frühere Leben ausgelöst hat. Ich weiß nie genau, wohin ein Patient mich führt, aber meist entdecken wir im Laufe der Behandlung in allen vier Phasen der pränatalen Entwicklung Traumata.

Von Zeit zu Zeit treffe ich auf Patienten, die nur höchst ungern in die pränatale Zeit zurückgehen. Dieser innere

Widerstand deutet meist darauf hin, daß damals etwas Ungewöhnliches, besonders Unangenehmes passiert sein muß. Dann ist es natürlich doppelt wichtig nachzuforschen, was da so hartnäckig das Licht des Bewußtseins scheut.

Janice Hallister war so ein Fall. Als sie zu mir kam, klagte sie über eine Menge von Symptomen – Kopfschmerzen, Dickdarmkrämpfe, Schlaflosigkeit –, aber vor allem hatte sie Schwierigkeiten mit heftigen, unkontrollierbaren Wutanfällen. Hinter diesen völlig irrationalen Zornesausbrüchen schien mehr zu stecken als bloße Unzufriedenheit mit dem Leben. Auf so einen Anfall folgte gewöhnlich ein Gefühl völliger Leere – manchmal blieb Janice danach zwei Tage lang mit zugezogenen Vorhängen im Bett.

Die Anfälle wurden durch ganz verschiedene Ereignisse ausgelöst, und Janice gab zu, daß sie manchmal ihre Laune an Automechanikern, Verkäuferinnen und anderen Leuten ausließ, die keinerlei Bedeutung für sie hatten. Am häufigsten aber waren ihre Ausbrüche gegen Männer gerichtet, mit denen sie befreundet war. Unter diesen Umständen gelang es ihr natürlich nicht, eine Beziehung längere Zeit hindurch aufrechtzuerhalten. Sie fand, daß ihre Freunde entweder zu abhängig von ihr waren oder sie abhängig machen wollten. Das führte unvermeidlich zu offenen Feindseligkeiten; nacheinander gingen alle ihre Liebesbeziehungen und Freundschaften in die Brüche.

Manches von dem, was Janice in unserem ersten Gespräch sagte, deutete auf eine intensive Identifikation mit der Mutter während der pränatalen Phase hin. So beschrieb sie ihr Verhältnis zur Psychoanalyse als einen »langen steinigen Weg« und erzählte mir, daß sie nach dem Tod ihrer Mutter die dreitausend Meilen mit dem Bus nach Hause gefahren sei, obwohl sie sich den Flug ohne weiteres hätte leisten können. Wieder hatte sie den langen, mühevollen Weg gewählt. Ich spürte, daß die neun Monate im Mutterleib vielleicht der erste »lange steinige Weg« in diesem Leben waren, und als sie sich rundheraus weigerte, diese Zeit zu erforschen, wußte ich, daß ich recht hatte.

Wir entdeckten verschiedene frühere Leben, wo Janice ein Zwilling war – einmal sogar ein siamesischer Zwilling, der um die beherrschende Stellung im Mutterleib kämpfte. In jedem dieser früheren Leben gab es einen Identitätskampf, aber keine Hinweise auf Wutanfälle. Janice spielte diese Kämpfe in ihren gegenwärtigen Beziehungen zu Männern wieder durch, aber da sie die pränatale Phase nicht rückerinnern wollte, war es unmöglich, die Erinnerungen aus den früheren Leben völlig zu löschen.

Bei unseren ersten Versuchen, die pränatale Zeit zu behandeln, stießen wir auf die Empfängnis, aber sie war nicht willens weiterzugehen. Sie hatte einen Tod auf einem Schlachtfeld des Zweiten Weltkriegs beschrieben, und ich wußte, daß die Empfängnis, die diesem Tod folgte, der Beginn ihres gegenwärtigen Lebens sein mußte.

Janice Hallister: Ich höre Schreie und den Lärm der Artillerie. Explosionen, Menschen schreien. Aber ich bin nicht mehr da, ich bewege mich irgendwo, irgendwo, wo ich ähnlichen Lärm höre.

Dr. Netherton: Was ist Ihnen bewußt, wenn Sie sich dort bewegen? Hören Sie etwas Vertrautes?

Janice: Es ist ganz schwarz, naß... die Stimmen meiner Eltern. Aber ich will Ihnen nicht davon erzählen. Ich will da nicht hineingehen. Zwingen Sie mich nicht. Darüber gibt es nichts zu sagen. Zwingen Sie mich nicht, in den Uterus zu gehen.

Ihre Äußerungen sagten mir lediglich, daß sie unter Umständen gezeugt worden war, die irgendwie mit einer Schlacht in Zusammenhang standen. Wir versuchten noch dies und jenes, um ihre Widerstände zu überwinden, aber jedesmal, wenn wir der Sache näherkamen, hörte ich dieselben eben zitierten Sätze. Mir wurde klar, daß diese Sätze selbst Teil des pränatalen Traumas sein mußten, und beschloß daher, sie ihre frühe Kindheit danach absuchen zu lassen, in der Hoffnung, so an die pränatale Phase heranzukommen.

Dr. Netherton: Gut. Gehen Sie zurück in einen Zeitabschnitt dieses Lebens, irgendwann in Ihrer Kindheit, und schauen Sie, ob Sie den Satz »Ich will da nicht hineingehen, zwing mich nicht« finden oder »Stoß mich nicht, ich will nicht hineingehen«. Wo sind Sie?

Janice: Ich bin zwei Jahre alt. Meine Eltern unterhalten sich. Meine Mutter sagt: »Verdammt noch mal, geh ohne mich. Ich passe auf das Kind auf, und du gehst!« Aber mein Vater drängt: »Ich will, daß du auch mitkommst, es macht dann mehr Spaß. Es ist doch nur ein Varieté.« Sie erwidert: »Erzähl mir nichts, das letzte Mal, als ich dort war, war es schrecklich. Ich will da nicht mehr hingehen. Varieté! Es ist ein schrecklicher, unheimlicher Ort. Ich warne dich, zwing mich nicht.«

Dr. Netherton: Nun, was fällt Ihnen ein, wenn Sie sich dieselben Sätze in der pränatalen Zeit vorstellen? Wenn Sie in Ihrer Mutter sind, während sie sagt: »Ich will da nicht hineingehen, zwing mich nicht.«

Janice: Der Lärm ist sehr groß. Sie zittert, schaut durch die Tür eines Varietés und sagt genau das: »Zwing mich nicht.« Sie denkt: »Verdammt noch mal, warum lasse ich mich von ihm zwingen? Es ist klar, daß ihm meine Gefühle egal sind. Warum werfe ich ihn nicht einfach raus? Er kann mir das nicht antun. Es ist so heiß. Ich kann hier drin nicht atmen.«

Dr. Netherton: Weiß Ihre Mutter, daß sie schwanger ist?

Janice: Ich glaube nicht. Sie denkt nicht daran. Ich spüre, wie sich die Wände um mich herum anspannen. Sie schreit. Vater sagt: »Du wirst begeistert sein, ich bin ganz sicher!« Sie schlägt ihn. Sie hat wirklich Angst, das ist alles, was ich weiß.

Als die Schranke zum Pränatalen erst einmal durchbrochen war, hatte Janice keine Schwierigkeiten mehr, dorthin zurückzukehren. Der Satz »Ich will da nicht hineingehen« hatte wie ein Verbot gewirkt und so ausgesprochen wirkungsvoll den Zugang zum Uterus versperrt – ein typisches Beispiel dafür, daß das Unbewußte wie ein Tonbandgerät arbeitet.

Die früheren Leben von Janice verblaßten vor dem Trauma aus der pränatalen Zeit. Wir gingen zurück auf das Schlachtfeld im Zweiten Weltkrieg (wo Janice ein Mann gewesen war) und stießen wieder auf ihre Zeugung.

Alles ist schwarz und naß. Ich bin noch nicht drinnen. Ich weiß nicht, wo ich bin. Sie schlafen miteinander, aber sie streiten. . . er fährt sie an: »Halt still, du dreckige Nutte.« Eine Sprache, die man eigentlich nie hört, wie aus einem Buch. Sie schreit ihn an: »Nimm das Ding da raus, du Schwein, laß mich in Ruhe.« Ich verstehe das nicht. Sie beißt ihn, und. . . oh, mein Gott, ich bin da. Ich bin drin. Im Schoß. Er zittert. Sie schreit: »Ich kann nichts dafür, ich kann nichts dafür. Verfluchter Kerl, ich hasse dich. Ich hasse dich, ich hasse dich.«

Alles ist schwarz geworden. Ich kann nicht. . . ich bin wohl verlorengegangen. Völlig verloren. Sie ist nicht mehr da. Als wären wir gestorben. Ich kann meinen Vater sagen hören: »Komm zurück, komm hierher zurück. Ist alles in Ordnung? Bist du verrückt, oder was?« Jetzt kommen wir zurück. Ich spüre, daß sie sich bewegt. Sie ist auf der Toilette. Sie denkt. . .: »Wenn ich das bloß alles rauskriegen könnte. Alles wegspülen. Ich weiß nicht, was mit mir passiert.« Sie schämt sich entsetzlich. Sie ist zu

Tode erschrocken, daß sie so auf Sex reagiert. Ich glaube... ich glaube, so war es.

Janice hatte die eine Schlachtsituation verlassen und wurde in eine andere hineingeboren. Es stellte sich heraus, daß ihre Eltern ein sadistisch-masochistisches Verhältnis zueinander hatten, daß sie sich ständig gegenseitig bestraften. Immer wieder berichtete sie von »gespielten« Kämpfen, die im Geschlechtsakt ihren Höhepunkt fanden. Ihre Mutter war offensichtlich unfähig, ihre Instinkte in dieser Richtung zu beherrschen, aber nach solchen Szenen fühlte sie sich wertlos und einsam. Der »Blackout«, der unmittelbar auf den Orgasmus folgte, wurde erst zu einem späteren Zeitpunkt aufgeklärt – als die Schwangerschaft feststand.

In einer Arztpraxis. Die Wände sind kahl. Ich weiß, daß etwas nicht in Ordnung ist. Der Arzt schreit meine Mutter an. Es wird sehr viel geschrien. Er sagt: »Sie können nichts dagegen tun«, und sie schreit ihn an: »Sagen Sie das nicht. Ich will es nicht hören! Ich muß mir das von Ihnen nicht gefallen lassen.« Sie hat die Beherrschung verloren. Genau wie ich. So werde ich auch. Aber er ist genauso wütend. Er erwidert: »Schauen Sie her. Sie werden ein Kind haben. Sie können nichts dagegen tun, also setzen Sie sich hin, halten Sie den Mund und beruhigen Sie sich.« Ich höre eine Tür zuschlagen. Jetzt hebt sie etwas auf und wirft damit. Ein Krach. Sie hat etwas an die Wand geworfen. Jetzt geht sie wieder weg. Ich fühle... dieses Verschwinden. Als wenn wir sterben. Ich habe schreckliche Angst, drehe mich im Kreis. Schwindel... ich kann die Stimme des Arztes hören... Er sagt: »Mein Gott, obendrein ist sie auch noch Epileptikerin.« Wir sind weg. Schwarz.

Ich spürte, daß wir mit dieser Sitzung eine Erklärung für die langen »toten« Perioden gefunden hatten, die Janice nach ihren eigenen Anfällen erlebte – tagelang im Bett, mit ausgehängtem Telefon und geschlossenen Vorhängen. Die Zurückweisung durch die Mutter wurde durch deren »Verschwinden«, als der Anfall kam, noch verstärkt. All das war von heftigen Gefühlsausbrüchen begleitet. Jedesmal, wenn Janice sich in einer Situation befand, in der es um Abhängigkeit ging, um die Beziehung zweier Menschen, bekam sie ihre Anfälle. Obwohl sie keine Epileptikerin war, folgte ihr Verhalten epileptischen Mustern.

Ein letzter Vorfall lauerte noch in ihrer pränatalen Zeit – ein Streit zwischen ihrer Mutter und ihrer Großmutter irgendwann im siebten Schwangerschaftsmonat.

Ich kann Mutters Frustration fühlen. Sie läßt sie an mir aus... ich meine, ich fühle die Krämpfe, die Enge, den Schrecken, der mich überkommt, wenn ich weiß, ich explodiere. Ich nehme an, es sind *ihre* Gefühle, die *ich* spüre... ich kann es nicht sagen. Es scheint, daß sie bei ihrer Mutter wieder das Kind spielt... es tut mir leid... ich bin ganz verwirrt. Ich bin ein Kind, und sie ist meine Mutter, aber sie ist ein Kind, das seine eigene Mutter anschreit. Sie sagt: »Du mußt es einfach glauben. Du kannst den Arzt fragen, wenn du mir nicht glaubst.« Großmutter schreit sie an: »Ich will es nicht glauben, ich glaube es nicht. Du sagst mir nie etwas, außer, du kannst mir damit weh tun. Du hast das erfunden. Ich weiß es. Ich kenne dich...« Und Mutter schreit zurück: »Ich bekomme einen Anfall, ich bekomme einen Anfall! Verdammt noch mal, hör mir zu.« Sie schlägt auf den Tisch. Jetzt wieder Großmutter: »Laß deine Wut nicht an mir aus, du Miststück, schrei doch deinen lausigen Mann an.«

Dieser Satz traf genau das Problem von Janice. Unbewußt
übernahm sie den Rat ihrer Großmutter an ihre Mutter. Sie
durchlebte noch eine traumatische Geburt, aber ich wußte,
daß das entscheidende Moment die pränatale Phase gewesen war, mit ihren Anfällen, Wutausbrüchen, gewalttätigem
Geschlechtsverkehr und schließlich diesem wütenden Vorschlag, es sei die wahre Lösung aller Probleme, seinen Ärger
an Männern oder an dem jeweiligen Partner auszulassen.

Das soll nicht heißen, daß die Behandlung keinen Bezug
zu den früheren Leben von Janice herstellte. Sie erreichte
fast jedes pränatale Ereignis über eine Szene aus früheren
Vergangenheiten. Aber die pränatalen Erlebnisse hatten
einen direkteren Einfluß auf ihr gegenwärtiges Leben als
ihre Traumata aus den früheren Existenzen. Wenn das auch
nicht allgemein gilt, so veranschaulicht es doch die grundle-
gende Bedeutung der pränatalen Phase für jeden Patienten.
Es ist die längste Zeit in unserem Leben, wo das Unbewußte
überlegen herrscht, ohne daß das Bewußtsein analysieren
oder als Filter wirken kann. In diesem embryonalen Zeitraum werden sozusagen die Spielregeln für uns festgelegt.
Die Probleme, die uns das ganze bewußte Leben hindurch
verfolgen, werden eingeführt, und die »Erinnerung« an bestimmte Traumata aus früheren Leben erhält ihren Stellenwert. Aber mit der »Geburt des bewußten Geistes« wird der
Zugang zu dieser »Erinnerung« versperrt.

Geburt

Welch großen Einfluß das Trauma der Geburt auf unser Leben hat, wissen wir seit den Arbeiten von Otto Rank über dieses Thema, und eine Menge psychologischer Werke beschäftigt sich mit diesem Problemkreis. Meine Erfahrung mit der Reinkarnationstherapie fügt den bisherigen Forschungsergebnissen einen neuen, wichtigen Faktor hinzu: Das Geburtstrauma ist eng verbunden mit traumatischen Erlebnissen aus früheren Leben und während der pränatalen Phase.

Die Geburt selbst prägt vor allem die spätere Belastbarkeit des einzelnen, stellt sie doch die erste »bewußte« Situation dar, in der wir Belastung erfahren. Für eine Frau ist die Entbindung meist eine anstrengende, oft auch sehr schmerzhafte Sache. Wie wir im weiteren Verlauf unseres Lebens auf Belastungen reagieren, hängt natürlich mit dieser ersten Belastungsprobe zusammen.

Wenn die Mutter die Situation mit Disziplin und Liebe zu dem Kind, das da zur Welt kommen soll, bewältigt und die Ärzte, Krankenschwestern und der Vater (falls er dabei ist) sich ruhig und zuversichtlich verhalten, wird das Kind aller Wahrscheinlichkeit nach ähnlich positiv eingestellt sein, wenn es eines Tages gilt, mit Belastungen welcher Art auch immer fertig zu werden. Wenn dagegen die Entbindung schwierig verläuft und die Mutter das Kind innerlich ablehnt, wird Streß ein lebenslanges Problem für dieses Kind sein, so wie es auch bei einer jungen Frau namens Delia Hall der Fall war.

Delia war einfach nicht in der Lage, Belastungen oder
Streß zu ertragen. Mit ihren zwanzig Jahren benahm sie sich
wie ein Kind. Weil sie häufig zu plötzlichen Wutausbrüchen,
Tränen, Kopfschmerzen und Muskelkrämpfen neigte sowie
zu anderen Reaktionen, die bei Streßopfern üblich sind,
hatte der Arzt ihr sechs verschiedene Medikamente verschrieben, darunter Beruhigungstabletten und Schmerzta-
bletten, die sie jeden Tag einnahm. Delia wußte, daß irgend
etwas mit ihr nicht stimmte, und kam zu mir, um die Ursache
für ihr labiles Verhalten zu finden.

Sie charakterisierte ihr Problem mit zwei Worten: bevor-
stehendes Unheil. Sie spürte den Tod hinter jeder Ecke lau-
ern, jeder Morgen brachte ihr die Katastrophe. Sie konnte
den Tag nicht ertragen ohne ihre Morgentabletten, und sie
konnte die Nacht nicht ertragen ohne ihre Abendtabletten.
Sie stand stets völlig unter dem Einfluß des Mannes, mit dem
sie gerade befreundet war, und fühlte sich zu Männern hingezogen, die, wie sie sagte, »keine Entscheidungen von mir
fordern, wenn ich auch die Entscheidungen hasse, die sie für
mich treffen«.

Wenn sie nicht von Männern herumkommandiert wurde,
stand Delia unter der Fuchtel ihrer Mutter, die die Schwangerschaft und Geburt ihrer Tochter benutzt hatte, um sich
als Märtyrerin aufzuspielen. Delia wurde gezeugt, als ihr
Vater nach einem Jahr Gefängnis gerade entlassen worden
war. Der Arzt hatte der Mutter vorher jedoch geraten, keine
weiteren Kinder mehr zu gebären, da schon ihr voriges Baby
tot zur Welt gekommen war. Sie litt an einem Gebärmutterknick, und ihr Becken war bei einem früheren Unfall verletzt worden. Kein Wunder, daß die Zeit dieser ungewollten
Schwangerschaft alles andere als ruhig verlief.

Delias frühere Leben waren voller Szenen, in denen sie
von Männern sexuell mißhandelt und – oft zu Tode – gefol-
tert wurde. Und wenn der Tod eintrat, hörte sie oft einen
Mann sagen »Jetzt hast du sie getötet«, oder »Das wird sie

umbringen«, oder etwas ähnliches. Diese Sätze wurden in der pränatalen Zeit wieder reaktiviert, als Mr. Hall und der Arzt die Mutter baten, das Kind abzutreiben: »Es wird dich umbringen«, »Es könnte Sie umbringen«, »Vielleicht stirbst du«. Mrs. Hall wollte zwar von Abtreibung nichts wissen, wurde jedoch abhängig von Beruhigungstabletten, mit denen sie ihre Angst vor der herannahenden Entbindung zu bekämpfen versuchte.

Der Geburtshelfer sah voraus, daß Delias Geburt nicht normal verlaufen würde. Aus irgendeinem Grund weigerte sich der Arzt aber, einen Kaiserschnitt zu machen, trotz Mrs. Halls Gebärmutterknick, und so wurde Delias Geburt eine schwierige und langwierige Prozedur.

Nachdem wir mehrere Sitzungen lang Material aus der pränatalen Zeit durchgearbeitet hatten, kamen wir endlich in der sechsten Sitzung zur Entbindungsszene. Es folgt eine überarbeitete Mitschrift von Delias erster Streßsituation in diesem Leben, wie sie sie mir geschildert hat.

Dr. Netherton: Erinnern Sie jetzt bitte Ihre Entbindung. Was sehen Sie, was hören, denken, fühlen Sie?

Delia: Oh, mein Gott! Nicht jetzt, ich bin nicht fertig, die Zeit ist nicht...

Dr. Netherton: Wer sagt das?

Delia: Mutter. Oh, ich habe Schmerzen...

Dr. Netherton: Haben die Wehen angefangen?

Delia: Ja. Man bringt sie ins Krankenhaus. »Tut etwas... Rettet mein Kind. Gebt mir etwas... ich kann die Schmerzen nicht mehr aushalten.« Sie schreit... in Panik...

Dr. Netherton: Ist Ihre Mutter jetzt im Krankenhaus?

Delia: Ich weiß nicht... ich sehe etwas Weißes... eine Frau in Weiß steht bei Mutter... eine Nadel... sie sagt: »Das wird es leichter machen für Sie. Entspannen Sie sich.«

Dr. Netherton: Was fühlen Sie jetzt?

Delia: Mutter bewegt sich von mir weg... sie entspannt sich... Ich habe Angst. Es ist, als ob sie mich verläßt... als ob sie stirbt und mich allein läßt... ausgerechnet jetzt! Wo ich sie am nötigsten brauche.

Dr. Netherton: Bei der Geburt?

Delia: Ja. Ich habe Angst.

Dr. Netherton: Was passiert jetzt?

Delia: Jemand sagt: »Gebt ihr noch eine Spritze, stellt sie ruhig. Wenn wir sie nicht betäubt halten, macht sie Schwierigkeiten.«

Dr. Netherton: Was ist mit Ihrer Mutter, daß der Arzt ihr eine Spritze geben will?

Delia: Ich spüre eine Unruhe. Sie wirft sich herum.

Dr. Netherton: Was passiert jetzt?

Delia: Ich spüre eine Nadel in meinem Arm... ihrem Arm vermutlich. Ich fühle mich jetzt ruhiger, dumpf... erschreckt. Mutter geht wieder weg. Ich weiß nicht, wie ich das allein schaffen soll.

Dr. Netherton: Wo ist Ihre Mutter jetzt?

Delia: Auf einem Tisch in einem weißen Raum. Sie sieht überall nur weiß. Der Arzt sagt: »Gebt ihr noch was, wir wollen nicht noch mehr Komplikationen.« Wieder eine Spritze, und jetzt spüre ich, daß ich nicht heraus kann. Als ob da... dieses... etwas hält mich fest, hält Mutter fest, diese betäubende Angst... wir überleben das nie. Ich glaube, das sind all diese Drogen. Ich fühle mich taub, und ich glaube, sie stirbt. Ein Arzt schreit praktisch auf: »Sie hätten einen Kaiserschnitt machen sollen, aber jetzt ist es zu spät dafür. Sie werden dieses Kind nie lebend zur Welt bringen!«

Jetzt streiten sie miteinander. Der andere sagt: »Natürlich werde ich das, ich werde das Kind um die Plazenta drehen.« Drauf der erste: »Na, prächtig. Das wird ihm den Rest geben. Wahrscheinlich werden Sie beide um-

bringen.« Ich bin ganz allein hier unten. Ich bin eingeklemmt, ich kann nichts tun.

Dieser Dialog verstärkte das Gefühl, daß Streß zum Untergang führt; gleichzeitig löste er die Erinnerung an verschiedene Foltertode in früheren Leben aus, wo nach Sätzen wie
»Du wirst sie umbringen« und »Das bringt sie sicher um«
wirklich der Tod eingetreten war. Eine weitere Rückerinnerung der Folterszenen sollte noch folgen.

Delia: Ich fühle Druck... jemand drückt auf Mutters
Bauch. Ich glaube, sie ist tot. Jetzt ein stechender
Schmerz, kalt, ich glaube, es ist nur kalt, es fühlt sich an
wie ein Stich. Irgendein kaltes Metall, eine Klammer – auf
meiner linken Schulter. Ich drücke gegen etwas, jemand
sagt: »Sie bekommen das Kind nie um die Plazenta.«
Jetzt ein ungeheurer Druck... mein Kopf und die Schul-
tern – mein Hals – jemand schiebt, zieht, einer sagt:
»Vorsicht, Sie bringen es ja um.«
  Dr. Netherton: Wer sagt das?
  Delia: Dieser erste Arzt. Der andere sagt: »Geh aus
dem Weg... alles ist in Ordnung.«
  Dr. Netherton: Was passiert jetzt?
  Delia: »Es klemmt. Geht nicht mehr weiter.«
  Dr. Netherton: Sagt das der Arzt?
  Delia: Ja, ich fühle mich eingeklemmt. Angst. »Sie
schaffen das nie. Es wird sterben, bevor Sie es draußen
haben. Halten Sie, ich werde drücken.«
  Dr. Netherton: Ist das noch ein Gespräch zwischen den
Ärzten?
  Delia: Ja. Ich fühle etwas Kaltes, Metallisches an mei-
nem Hintern, es schiebt meinen Hintern, und etwas
Wärmeres, eine Hand vielleicht, zieht an meiner rechten
Schulter. »Mein Gott, das muß weh tun.«
  Dr. Netherton: Wer sagt das?

Delia: Einer der Ärzte. »Seid vorsichtig! Vorsichtig!« Jemand schreit auf. Unruhe. »Es bleibt stecken! Es bleibt stecken. Sie kriegen es nie raus.« Jetzt schiebt etwas an meiner rechten Hinterbacke. Meine linke Schulter wird gezogen. »Noch eine Spritze, sie leistet zuviel Widerstand.«

Dr. Netherton: Wer sagt das?

Delia: Der Arzt sagt es, von meiner Mutter. Er gibt ihr noch eine Spritze. Mein Kopf wird gepackt... eine Hand, verkrampft, eingezwängt hier innen. Ich werde gezwungen, mich umzudrehen... Es ist sehr schwierig für meinen Kopf und die Schultern, sich so zu drehen, wie sie gedrückt werden...

Dr. Netherton: Was wird gesprochen, während das alles geschieht?

Delia: »Verdammt noch mal, es steckt schon wieder fest.« – »Es ist unmöglich, das Kind muß längst tot sein.« – »Nach all dieser Mühe hol ich es raus, so oder so...«

Dr. Netherton: Ist das wieder ein Gespräch zwischen den Ärzten?

Delia: Ja, irgend etwas drückt mich jetzt runter... Mein Kopf gibt nach und fällt herunter... »Der Kopf ist jetzt unten. Die Zange her...«

Dr. Netherton: Was fühlt Ihre Mutter, als der Arzt das sagt?

Delia: Sie stöhnt. »Laßt sie nicht hochkommen. Gebt ihr noch was.«

Dr. Netherton: Was macht der Arzt jetzt?

Delia: Noch eine Spritze. Ich fühle mich wieder taub. In Panik. Ich sehe allmählich Licht... mein Kopf wird gezogen... ich kann Licht sehen.

Dr. Netherton: Hören Sie irgendwelche Worte?

Delia: »Es sieht tot aus.« Der Arzt sagt das.

Dr. Netherton: Wo sind Sie, wenn Sie diese Worte hören?

Delia: Ich sehe Licht... fühle einen scharfen, stechenden Schmerz in den Augen, als das helle Licht sie trifft...
wie Migräne... ich fühle eine leichte Angst, Schrecken...
ich stehe unter Drogen... eine andere Stimme...: »Man
weiß nie, was aus so einer Geburt wird...«

An diesem Punkt sollte klar sein, woher Delias Angst vor
der unbekannten Zukunft stammte. Ihr Gefühl eines bevorstehenden Unheils wurde wieder und wieder verstärkt, als
sie versuchte, aus dem Mutterleib auf die Welt zu kommen.

Delia: Es ist kalt... ich verlasse diesen warmen Ort, bewege mich in die Kälte. Der Schmerz... an meiner Schulter... von dem kalten Metall, er ist jetzt auf meinem ganzen Körper. Einfach ein Kältegefühl. Ich habe es nie zuvor gekannt. Ich bin hineingestoßen worden, weg von
meiner Mutter... ich fühle mich ganz allein. Sie bewegt
sich nicht einmal. Ich bin allein hier. Jemand sagt: »Sie
haben es geschafft! Herzlichen Glückwunsch, Sie haben
es doch nicht umgebracht. Ich kann es kaum glauben, es
lebt!« Sie laufen herum, legen sich die Arme auf die
Schultern. Denke ich. Ich weiß es nicht. Das Licht ist so
hell. Blendender Schmerz in meinen Augen... aber alles
so neu... ich verstehe diese Gefühle nicht, sie sind ganz
neu... und niemand kümmert sich um mich. O Gott!
  Dr. Netherton: Was passiert?
  Delia: Sie haben mir eine Röhre in den Hals gesteckt...
etwas kommt hoch. Sie ziehen mir etwas aus dem Hals.
Ich kann nicht atmen, alles ist verstopft. Sie ziehen die
Röhre wieder raus und legen mich hin, auf einen Tisch.
  Dr. Netherton: Was geschieht jetzt mit Ihrer Mutter?
  Delia: Sie fängt an, sich zu bewegen. Der Arzt sagt:
»Gebt ihr noch eine Spritze. Sie wird bald wieder in Ord-
nung sein, bringt sie in den Erholungsraum.« Mama geht
jetzt weg. Die Räder an ihrem Bett quietschen. Die Ärzte

laufen immer noch herum. Keiner ist für mich da. Die
Schwestern sind weg. Alles, was ich höre, ist: »Glückwunsch, herzlichen Glückwunsch!« Ich fühle mich ganz
allein... keiner ist für mich da.

Dieses Gefühl von Kälte und Einsamkeit war der letzte
traumatische Eindruck Delias von ihrer Geburt. Beim
Durcharbeiten dieser Szene zählten wir die Spritzen, die
ihre Mutter während und unmittelbar nach der Entbindung
bekommen hatte. Es waren sechs – genau die Anzahl von
Medikamenten, die Delia jetzt brauchte, um Tag für Tag
über die Runden zu kommen. Ihre Unfähigkeit, Männern
anders denn als passive Befehlsempfängerin zu begegnen,
erwuchs aus dem unpersönlichen Schieben und Stoßen des
Arztes, während sie den Geburtskanal passierte. Der Arzt,
der Delia auf die Welt brachte, sah in ihrer geglückten Geburt einen persönlichen Triumph als Mediziner, an dem
Kind selbst war er nur nebenbei interessiert.

Zur Zeit ihrer Behandlung verhielt sich Delia, als ob dies
die einzig mögliche Haltung wäre, die je ein Mann ihr gegenüber einnehmen könnte. Ihre Schuldgefühle gegenüber
ihrer Mutter rührten von der komplizierten Entbindung her,
die die Frau fast umbrachte. Als Fötus sprach sie extrem auf
das Gefühl bevorstehenden Unheils im Kreißsaal an, sowohl
für sich selbst als auch für die Mutter, die sie unter so schwierigen Bedingungen austrug.

Delias Geburt gehört zu den traumatischsten, denen ich je
begegnet bin. Aber keine Geburt verläuft ohne Schmerz,
ohne Angst. Das Kind kommt in eine Welt von Ärzten und
Schwestern, eine Welt, die nach antiseptischen Mitteln
riecht und sich in hartem Weiß und funkelndem Stahl prä-
sentiert. Meist sind die Menschen, die bei der Geburt dabei
sind, überzeugt, daß das Kind kein Wahrnehmungsvermö-
gen besitzt und vernachlässigt werden kann, während sie
ihre Arbeit tun. Für die Krankenhausbelegschaft ist das

Ganze eine Routinesache; für die Mutter und den Vater kann das Ereignis so verwirrend sein, daß sie das Kind dabei zunächst ganz vergessen. Die Welt muß dem Kind daher oft als ein höchst unfreundlicher, unwirtlicher Ort erscheinen, wo routinemäßig Schmerz zugefügt wird und Angst kaum genommen wird.

Ich glaube, daß jeder Mensch eine Art Geburtstrauma erlebt. Aber es ist die Pflicht der Ärzte und Eltern, Schmerz und Angst so weit wie möglich zu mildern. Wichtig ist vor allem, daß das Neugeborene zur Kenntnis genommen, gehalten, berührt und getröstet wird. Je mehr sich die »natürliche Geburt« durchsetzt, desto rascher wird die Zahl schwerer Geburtstraumata sinken. Langfristig gesehen wird dann, als Resultat dieser veränderten, »menschlicheren« Bedingungen, eine Bevölkerung heranwachsen, die den Belastungen des Lebens besser zu begegnen weiß.

Tod

Früher oder später stellt jedes Kind die Frage: Warum müssen wir sterben? In vielen Fällen wird es sich ein Leben lang mit diesem Problem herumschlagen. Natürlich hat sich der Mensch schon immer mit dieser Frage beschäftigt, und Philosophien und Religionen bieten die verschiedensten Antworten darauf an. Aber noch niemand hat *die* Antwort gefunden, die unsere Ängste beschwichtigen und unseren Hoffnungen Nahrung geben könnte. Und so tun viele das, was ihnen am einfachsten erscheint: Sie verdrängen das Problem eben. Tod ist kein Thema — oder war es zumindest bis vor kurzem nicht. Sterbende werden behandelt, als würde »nichts« geschehen, oder abgeschoben, um sie ja nicht vor Augen zu haben und vielleicht daran erinnert zu werden, daß man selbst ja auch eines Tages...

Irgend etwas läuft hier ganz entschieden falsch. Irgendwie haben unsere eigenen Widerstände, sich mit dem Tod auseinanderzusetzen, zu einem sinnlosen und dem psychischen Haushalt keineswegs zuträglichen Tabu des Todes im Alltag geführt; erst in letzter Zeit hat man begonnen, dieses Tabu nach und nach abzubauen.

Mittlerweile bin ich so weit, den Tod als einen Anfang zu sehen. Auch ich weiß noch immer keine Antwort auf die oben erwähnte Frage; ich weiß nicht, warum wir sterben. Aber unser Weggang aus diesem Leben ist für mich der Augenblick, in dem wir frei werden, einen anderen Körper zu wählen. Mir ist klar, daß diese Ansicht manchen religiösen Überzeugungen widerspricht und daß viele, die sicher sind, der Tod bedeute absolutes Ende, sie für schlichtweg albern halten werden. Aber meine Erfahrungen mit der Reinkarnationstherapie haben mich einfach davon überzeugt, daß wir zurückkommen. Wenn der Tod auch unerklärlich ist, so brauchen wir ihn doch nicht zu fürchten.

Ich habe es nur einmal erlebt, daß ein Mensch zu mir kam, der wußte, daß er nur noch kurze Zeit zu leben hatte. Die Behandlung hat uns beiden viel gegeben. Die Patientin hieß Grace Hart, und gleich nach unserer ersten Begrüßung sagte sie: »Ich weiß, daß ich sterben muß. Aber ich möchte lernen, mit Würde abzutreten. Und unter so wenig Schmerzen wie möglich.«

Grace hatte nach dem Auseinandergehen ihrer neunzehnjährigen Ehe plötzlich Unterleibsschmerzen gespürt. Es wurde Gebärmutterkrebs diagnostiziert und eine Totaloperation vorgenommen. Aber es dauerte nur Monate, und die Metastasen hatten sich in ihrem Körper ausgebreitet. Sie war, medizinisch gesehen, ein hoffnungsloser Fall. Sie begann ihre Sitzungen bei mir im vollen Bewußtsein ihres Zustandes. Ihr Arzt hatte sie an mich verwiesen, weil sie um »jedes verfügbare Mittel« gebeten hatte, die Krankheit emotional in den Griff zu bekommen.

Ich klärte sie über Praxis und Ziel der Reinkarnationstherapie auf und verhehlte auch nicht die begrenzten Möglichkeiten der Methode gerade in ihrem Fall. Trotz ihrer Ruhe, die, wie ich wußte, eine tiefsitzende Angst vor dem Sterben verdeckte, machte sie mich irgendwie nervös. Zum ersten Mal hatte ich es mit einem Patienten zu tun, dem es nicht mehr »bessergehen« konnte – zumindest nicht im herkömmlichen Sinn. Ich war gezwungen, neu zu definieren, was ich unter Behandlungserfolg verstand. Meine ganze Hoffnung war, Grace ein friedliches Sterben zu ermöglichen, das ihr helfen mochte, ein glücklicheres, untraumatisches nächstes Leben zu wählen.

Der Tod ist ein ebenso großes Trauma wie die Geburt.

Wenn die Geburt die erste harte Belastungsprobe unseres Lebens darstellt, so ist der Tod der Moment, wo wir alles unvollendet zurücklassen müssen. Kommt der Tod plötzlich, nehmen wir die ungelöste Situation mit ins nächste Leben, wo wir im Unterbewußtsein versuchen, das »damals« nicht mehr gelöste Problem im jetzigen, neuen Leben zu bewältigen. War unser Tod voller Schmerz und Bitterkeit, so nehmen wir diese Gefühle mit uns und verbinden vergleichbare Situationen von vornherein damit.

Einer der Gründe, warum der Tod für so viele Menschen unerträglich ist, liegt in der durch das Sterben ausgelösten Rückerinnerung früherer Tode, so daß Schmerz, Angst und Unsicherheit vieler früherer Todeserfahrungen den »aktuellen« Tod noch zusätzlich erschweren. Im Fall von Grace wollte ich nun unbedingt so viele Tode durcharbeiten wie nur möglich, bevor sie sich ihrem jetzigen Tod stellen mußte. Da Reinkarnation nicht bewiesen werden kann, war es eine reine Frage des Glaubens, ob und inwieweit ich ein zukünftiges Leben beeinflussen könnte. Allerdings bedeutete es mir auch nicht so viel wie die Tatsache, daß sie sich die letzte Zeit in diesem Leben wohler fühlen würde; Grace mußte sterben, aber noch war sie nicht tot. Sie war eine Frau, die einer harten Wirklichkeit gegenüberstand und die jede Hilfe verdiente.

Interessant war, daß sich bei Grace viele Probleme als ähnlich gelagert erwiesen wie bei dem weiter oben von mir bereits geschilderten Krebsfall (s. S. 137 ff.). Grace hatte starke Schuldgefühle, weil sie, ihrem Wunsch entsprechend, »nur« eine Tochter hatte. Hier ihre eigenen Worte:

Ich fühle mich jetzt, und habe mich immer gefühlt, wie ein Versager, weil ich »es nur einmal litt«, nur dieses eine Kind bekommen habe. Aber ich konnte es nicht noch einmal aushalten. Der Schmerz, es war, als würden meine Eingeweide in einer langen, langsamen Folter herausgerissen. Ich spürte, wie ich die Kontrolle über meinen Körper an Fremde abgab, daß sie tun konnten, was sie wollten. . . und ich sagte mir: »Nie wieder.« Ich sagte: »Ich will leben, ohne das noch einmal durchstehen zu müssen!« Aber ich war immer unruhig deswegen. Ich wußte, andere Frauen taten es. Manche taten es immer wieder. Ich konnte es nicht.

Es schien wahrscheinlich, daß ihre Agonie bei der Entbindung teilweise daher stammte, daß sie traumatische Geburtserfahrungen aus früheren Leben rückerinnerte. Bevor ich mit der ersten Sitzung begann, bat ich Grace, mir ihre Mutter zu beschreiben, in der Hoffnung, so vielleicht etwas über die Mutter-Kind-Beziehung zu erfahren.

Ich weiß, daß die erste Schwangerschaft meiner Mutter nervenaufreibend war, sie wurde nie müde, mir davon zu erzählen. Entbindung, Sex und Ehe im allgemeinen, das waren ihre bevorzugten Themen. Sie fing damit schon an, als ich noch klein war. . . ich glaube, sie ließ es an meinem Vater aus. . . sie versuchte, uns gegen ihn aufzuhetzen. Als ich meine erste sexuelle Erfahrung machte, war ich recht verängstigt. Ich kam mir die ganze Zeit vor, als stieße mich ein Pferd.

Ich habe diesen Schmerz nie vergessen, obwohl ich später ein befriedigendes Sexualleben hatte. Als alles. . . zusammenbrach, und ich wußte, daß ich krank war – es fühlte sich an wie eine eiternde Wunde, die sich nicht schließen wollte. Ich konnte sie in mir fühlen. Selbst nach der Operation – ich wußte, sie war noch da.

Wir gingen von diesem »Eitergefühl« und ihrer Furcht vor Gebärmutterdefekten aus. Als Grace ihr Unbewußtes einfach wandern ließ, wohin diese Empfindungen es führten, fand sie sich in einer Armenklinik wieder, auf dem Rücken liegend, bei einer Unterleibsuntersuchung.

Ich bin in England, nein, vielleicht in Deutschland... es ist wohl das 17. Jahrhundert... jedenfalls sehe ich Leute, die lange Kleider tragen... ich liege auf einer Matte... viele liegen da auf Matten neben mir... viel Stöhnen... so viele Menschen mit Schmerzen... Ich spüre Hände auf den Schultern, die mich herunterdrücken... Hände auf den Beinen... die sie auseinanderhalten... ich schäme mich so... sie schauen in mich hinein... ich habe eine schreckliche Krankheit, und ich schäme mich so... Die Ärzte wollen mich nicht einmal anschauen, weil ich so arm bin. Ein Mann schaut verächtlich auf mich herunter. Ich hasse ihn. Ich hasse ihn, dabei kenne ich ihn nicht einmal. Seinetwegen schäme ich mich so... Ich glaube, es ist irgendein medizinischer Assistent. Er sagt: »Der Arzt hatte recht, er brauchte sie gar nicht anzuschauen... sie ist vom ›Fluch‹ aufgefressen... wie die meisten dieser Weiber. Das ist alles, wofür die gut sind. Wir können es nur ausbrennen und warten, daß sie stirbt. Es ist schon zu weit fortgeschritten, um es zu heilen.« Ein anderer Mann schaut in mich hinein und meint: »Wozu das noch? Die stirbt sowieso.« Der erste wieder: »Sie könnte andere anstecken. Wenn wir ausbrennen, kann sie es nicht weitergeben...« Ich spüre einen schrecklichen Schmerz in der Scheide... als würde ein Pfahl hineingestoßen und in der Gebärmutter herumgedreht. Ich kann es nicht aushalten. Ich kann nicht... ich verliere das Bewußtsein, ich glaube, ich werde ohnmächtig. Ich höre undeutlich Stimmen wie durch einen Nebel... »Es sollte eine Möglichkeit geben, das Ganze herauszunehmen. Dann würde es ihr endgültig vergehen.« Ich bin jetzt halb bei Bewußtsein... ich höre Stimmen. »Ist sie noch da? Die läßt sich ganz schön Zeit. Muß gern leiden, sonst würde sie sich mehr beeilen.« Ich fühle ständig einen brennenden Schmerz in meiner Gebärmutter. Eine männliche Stimme sagt: »Endlich fängt sie an zu bluten... jetzt wird es nicht mehr lange dauern.«

Der Schmerz wird schlimmer. . . der Tod kommt, ich be-
grüße ihn. . .

In den folgenden Sitzungen stießen wir wiederholt auf
schlimmste Verletzungen des Uterus, auf das brennende
Gefühl im Becken und unerträgliche Schmerzen beim Gebären.

Ich bin festgebunden. . . liege mit gespreizten Beinen auf
dem Boden. . . um mich herum herrscht große Aufre-
gung. . . Ich bin zwölf oder dreizehn Jahre alt. . . ich habe
Schmerzen. . . ich weiß nicht, wo ich bin. . . der Schmerz
sitzt unten am Rückgrat. . . Ich bin schwanger. . . es ist das
Gewicht des Kindes, das drückt. . . in der Unterleibsge-
gend. . . ich höre eine männliche Stimme. . .: »Sie ist wertlos. . . wir wollen das Kind. . . verlier keine Zeit.« Ich sehe
Sand und fühle heißen Wind. . . ich gehöre zu einem Wü-
stenstamm. . . dieser Mann ist der Häuptling. . . ich soll
ihm einen Sohn gebären. Ich bin so jung. . . unvorbereitet
– sie öffnen mich mit Gewalt. . . Er sagt: »Wir können sie
nicht beide retten. Sie ist zu eng. Sie kann das Kind nie lebend zur Welt bringen.«

Plötzlich stieß Grace einen Schrei aus. Sie war so mit dieser
Geburt in einem früheren Leben beschäftigt, daß sie vergessen hatte, wo sie war. Der Schmerzensschrei brachte ihr die
Umgebung wieder zu Bewußtsein. Sie atmete ein paar Augenblicke heftiger, bevor sie langsam weitersprach.

Sie haben mich aufgeschnitten. Daher. . . der Schrei. Es
ist ein eisiges Gefühl, und der schrecklichste Schmerz, der
allerschrecklichste. Mein Bauch ist ganz offen. Ein Mann
sagt: »Es ist der einzige Weg.« Sie greifen in mich hinein,
winden das Kind heraus. Ich kann meine Eingeweide sehen. . . zerrissen, auf dem Boden.

Jenes Ereignis hatte ihre Reaktion auf die Entbindung in diesem Leben geprägt, und Grace nahm sich vor, diese Qual nie mehr zu ertragen. Unbewußt hatte sie immer ihrer Tochter die Schuld an den Schmerzen gegeben. Nach der Sitzung führten Grace und ihre Tochter lange Gespräche: Zum ersten Mal seit Jahren konnten sie wirklich miteinander reden, gegenseitige Achtung trat an die Stelle von Vorwürfen und Verbitterung.

Die Dauer von Grace Behandlung wurde durch ihren Gesundheitszustand diktiert. Als sie nur noch mit Mühe das Haus verlassen konnte, machte sie sich daran, ihre Angelegenheiten zu ordnen. In unseren Sitzungen klärten wir ein Ereignis nach dem anderen ab, das mit Verletzungen des Uterus und Schuld oder Schmerzen bei der Entbindung zu tun hatte. Als sich ihr Zustand verschlechterte, bekam sie Schmerzen, war aber entschlossen, nicht ständig Tabletten zu nehmen. Gegen Ende der Behandlung beschäftigten wir uns mit ihrer pränatalen Phase.

Meine Mutter liegt auf dem Untersuchungstisch. Ein Abstrich wird gemacht. . . der Arzt sagt: »Ich verstehe nicht, woher die Rötung kommt. . . sie geht einfach nicht weg. Es. . . es sieht so aus wie eine sehr hartnäckige Infektion.« Etwas kratzt innen. . . etwas sehr Heißes. . . ich höre den Arzt sagen: »Ausschabung«. . . er macht eine Ausschabung. . . sie wissen nicht, daß ich da bin, wissen nicht, daß sie schwanger ist. . . Der Arzt sagt: »Es tut mir leid, das tut weh, aber es ist notwendig, wenn wir die Sache loswerden wollen.« Mein Gott, ich bin hier, und keiner weiß es. Mutter denkt: »Eine anständige Frau sollte da unten nichts haben! Was habe ich bloß gemacht, um mir da eine Infektion zu holen. Ich bin sauber, das weiß Gott.«

Grace berichtete auch von dem entscheidenden Moment, als ihre Mutter erfuhr, daß es sich um eine Schwangerschaft handelte und nicht um eine »Infektion«.

Ich fühle, wie sich die Wände spannen. Mutter denkt: »Ich weiß nicht, vielleicht haben sie es beim Verätzen getötet. Ich war so sicher, daß es eine Infektion ist – jetzt bin ich schwanger; ich werde nie wissen, was in mir los ist.«

Die Verwirrung und Unsicherheit der Mutter setzte sich im Unbewußten des Fötus fest. Der Zusammenhang zwischen Infektion und ungeborenem Kind – die Vorstellung, daß der Fötus selbst eine Infektion sein könnte – sollte Grace Leben entscheidend prägen. Durch die Verwirrung der Mutter während der pränatalen Zeit wurden im Fötus Leben reaktiviert, die mit Gebärmutterinfektionen oder schmerzhaften und gewalttätigen Entbindungen geendet hatten.

Nach Abschluß der Behandlung konnte Grace noch kurze Zeit ausgehen. Bald jedoch war sie ans Haus gefesselt und hätte gegen die immer stärker werdenden Schmerzen Tabletten nehmen sollen. Ob ihre Schmerzen tatsächlich schwächer waren als bei den meisten Krebskranken, oder ob sie sie nur leichter ertrug, ist unmöglich zu sagen. Aber ihr Arzt berichtete, daß Grace bis zu ihrem Tod weniger Medikamente nahm als irgendein anderer Patient, den er je in einer solchen Situation betreut hatte.

Als Grace den Tod kommen sah, verspürte sie kaum Panik. Es wäre nicht ehrlich, würde ich behaupten, das Sterben hatte ihr nichts ausgemacht. Das Leben – *dieses* Leben – ist jedem von uns teuer, selbst wenn wir glauben, daß wir zurückkommen. Aber sie hatte mit ihrem Schicksal Frieden geschlossen und wußte, *falls* es Reinkarnation wirklich gab und sie wiederkommen würde, dann in einem Körper, der frei war von all der Schuld und dem Schmerz der vielen Leben in den verflossenen Hunderten von Jahren. Der Fall überzeugte mich übrigens davon, daß es in meiner Vergangenheit kein ungelöstes Krebsproblem gab, sonst wäre ich belastet durch diese Todeserfahrung kaum in der Lage gewesen, Grace objektiv zur Seite zu stehen.

Die Todeserfahrung ist natürlich unvorhersehbar. Eltern haben vielleicht ein wenig Kontrolle über die Zeugung ihres Kindes, über die pränatale Zeit und sogar die Geburt, aber der Tod begegnet uns auf vielerlei Arten, und nur wenige spüren sein Nahen.

Das unbewältigte Todestrauma ist eine Hauptursache für Verhaltensstörungen. Die meisten Schwierigkeiten, von denen mir Patienten berichtet haben, hatten ihre Wurzel in Toden aus früheren Leben; wenn ihre Bedeutung gelöscht ist, lösen sich viele Störungen einfach in Luft auf. Ich glaube, wenn wir alle sterben könnten, wie Grace Hart es tat, wären wir eine viel zivilisiertere, vernünftigere Rasse. Natürlich ist das nicht möglich, auch in Zukunft werden nur wenige von uns dem Tod vorbereitet und gefaßt entgegentreten können, die meisten sind dazu verurteilt, alles unvollendet zurückzulassen.

Zwischen den Leben

Erinnerungen an die pränatale Zeit oder die Geburt sind bis zu einem gewissen Grad nachprüfbar. Der Zeitraum zwischen den Leben ist jedoch wissenschaftlicher Verifizierbarkeit völlig entzogen. Den Lebenden unzugänglich, bleibt er im wahrsten Sinne des Wortes »unmeßbar«.

Meine Kenntnisse über diesen »Zeitraum« sind viel zu gering, um irgendwelche endgültigen Aussagen zu machen. Patienten schildern ihr Leben außerhalb des Körpers ebenso bereitwillig, wie sie über Geburt oder Tod sprechen. Ich lasse Patienten jedoch selten in diesem »Gebiet« verweilen, obwohl die Versuchung groß ist, diesen Geheimnissen plötzlich in der einen oder anderen Weise auf die Spur zu kommen. Meiner Erfahrung nach scheint dieser »Zwischenzustand« jedoch keineswegs besonders interessant zu sein; der einzelne verfügt dabei offensichtlich weder über außergewöhnliches Wissen noch über extraordinäre Empfindungen. Die Probleme, die ein bestimmtes Leben belasteten, werden in dieses »Leben zwischen Raum und Zeit« mitgenommen. Unsere Unfähigkeit, mit diesen Problemen fertig zu werden, beeinflußt die Wahl des nächsten Körpers, des nächsten Lebens. Ich bin mir über die Tragweite dieser Behauptung im klaren, auch darüber, daß sie unbeweisbar ist, doch um zu veranschaulichen, was ich meine, hier der Fall von Greg Marston.

Greg kam wegen wiederholter geschäftlicher Fehlschläge zu mir. Er war ein schwerer Mann, ziemlich aggressiv und mit einer lauten, herrischen Stimme. Seine geschäftlichen

Transaktionen verliefen immer wieder nach demselben Muster. Er bildete sich ein, ein Industriemagnat zu sein, und benutzte alles Geld, das er flüssigmachen konnte, nicht etwa für einen erfolgreichen Geschäftsabschluß, sondern dafür, den Eindruck zu erwecken, daß er einer weit verzweigten Aktiengesellschaft vorstand. Zur Zeit der Behandlung war er gerade dabei, aus einem kleinen Gemüseladen, der ihm gehörte, alles Geld zu ziehen, um einen »Papierkonzern« aufzubauen. Er gab horrende Summen aus, um seine eigenen Schriften zu veröffentlichen, die kein Verleger nehmen wollte, und benutzte alles Bargeld, das er aufbringen konnte, um »Abteilungen« seiner Gesellschaft zu gründen: Marston Verlag, Marston Einzelhandel, Marston Schreibwaren und viele andere. Diese »Gesellschaften« waren natürlich bloße Hirngespinste. Mit Ausnahme des Verlages waren sie alle Teil eines kleinen Gemüseladens.

Als ich ihn nach dem Warum seiner Handlungsweise fragte, antwortete er: »Ich werde ständig angegriffen. Ich muß mich als Topman beweisen. Die Leute sollen wissen, daß ich auf dem Gebiet führend bin. Vor dieser Art Geschäftspolitik haben die kleinen Leute Respekt.«

Der Satz »Ich werde ständig angegriffen« brachte Greg zurück in die Zeit der Gladiatorenkämpfe.

Ich bin in einer Arena, ich weiß nicht genau, was vor sich geht, aber ich bin daran gewöhnt... ich glaube, ich bin recht einfältig oder so. Aber ich bin groß, so wie jetzt. Ein großer, ungeschlachter Kerl. Sie legen mir diese Rüstung an, eine Gruppe Männer, viel kleiner als ich. Die Menge jubelt. Ich höre, wie man über mich spricht... »Er ist unser bester Kämpfer... bietet immer ein herrliches Schauspiel... der beste Mann, den wir haben...« Sie sprechen eine andere Sprache... aber das heißt es... das meinen sie. Ich bin der Beste.

Sie öffnen ein Tor. Ich bin ganz allein in dieser Arena,

aber die Menge fängt an zu schreien. Ich soll mit etwa dreißig Zwergen kämpfen. Sie strömen aus einem Tor auf mich zu. Sie springen mich an, klettern an mir rauf, schlagen ihre Nägel in mich. Ich schwinge eine Keule... alles scheint begeistert... Es sind zu viele für mich. Ich bin verwirrt – ich habe nicht erwartet, daß das passieren würde. Ich weiß nicht, was ich gedacht habe... sie stechen auf mich ein. Jemand, mein Herr... der mich losgelassen hat... brüllt: »Geh zurück, steh auf und kämpfe. Beeil dich, oder es ist zu spät. Schnell, schnell...« Ich glaube, ich verstehe nichts mehr. Ich... ich bewege mich nicht mehr...

Dr. Netherton: Sind Sie noch in Ihrem Körper?

Greg Marston: Ich bin verwirrt... ich weiß nicht...

Dr. Netherton: Können Sie Ihren Körper sehen?

Greg: Er ist da. Ich kann ihn sehen, wie er in der Arena liegt. Blut strömt aus meiner Brust und dem Bauch. Er schreit mich noch immer an: »Schnell, schnell«...Keiner weiß, daß ich nicht mehr da bin.

Dr. Netherton: Wie ist das?

Greg: Wie das Geräusch des Windes um mich. Doch ich denke bloß – ich achte nicht darauf – ich denke: »Ich muß zurück, sie kämpfen noch, ich muß dorthin zurückgehen und es ihnen zeigen.« Ich fliege hinaus... nicht direkt nach oben – nur hinaus... irgendwohin.

Dr. Netherton: Was spüren Sie jetzt?

Greg: Ich sehe ein Schlachtfeld. Irgendwo anders. Aber wieder sagt es jemand...: »Schnell, schnell!« Eine Frau, in einem Zelt. Sie liegt bei einem Mann in Uniform und sagt: »Schnell, schnell!« Und jetzt... ein Stoß! Ich fühle einen Stoß, fast wie... ein elektrischer Schlag, nur eine Sekunde lang. Ich bin in ihr. Ich bin in dieser Frau... in ihrem Schoß.

Dr. Netherton: Das erste, das Sie hören oder fühlen?

Greg: Der Mann sagt: »Ich muß zurückgehen. Ich

muß... Die Schlacht wird bald anfangen. Die Männer verlassen sich darauf, daß ich sie führe.« Er zieht seine Kleider an. Eine Explosion. Ich höre Schreie. Schreie. Die Schlacht hat angefangen, oder so etwas. Mutter ist tot... ich bin auch tot, glaube ich. Explosionen, Lichtblitze... ich war nur eine Sekunde da.

Greg hatte eine sehr kurze Erfahrung außerhalb des Körpers beschrieben. Er war nach »außen« aufgestiegen, aus einer Kampfsituation in antiker Zeit, und wollte diesen Kampf unbedingt fortsetzen. Sein plötzliches Befreitsein vom Körper hatte ihn von diesem Verlangen *nicht* befreit. Sein einziger Gedanke war, in den Kampf zurückzukehren, auch wenn es nicht mehr derselbe Kampf sein konnte, in dem er sein Leben verloren hatte. Dieser Gedanke, dieser Wunsch, scheint die »Wahl« des nächsten Lebens bestimmt zu haben; er wurde auf einem Schlachtfeld gezeugt und befand sich in einem ähnlichen emotionalen Zustand wie vor seinem Tod. Unbewußt wollte er wieder in die verhängnisvolle Kampfsituation einsteigen. Seine Einstellung während der Zeit zwischen den Leben unterschied sich in nichts von seiner Haltung im Leben. Außerhalb des Körpers gewann er keinerlei zusätzliche, neue Einsicht.

Er stellte fest, daß er immer wieder, in verschiedenen Leben, zu Schlachten zurückkehrte, und lebhaft beschrieb er seinen Tod im Ersten Weltkrieg und die Zeit, die unmittelbar darauf folgte.

Greg: Jetzt höre ich Schlachtenlärm, große Kanonen, Gewehre, ich glaube, es ist der Erste Weltkrieg. Ich bin auf einem Schlachtfeld, lebendig, viele Tote liegen um mich herum... Der Kompanie-Chef ist tot. Ich denke: »Mein Gott, er ist tot, jetzt bin ich der erste Mann, ihr Kerle folgt jetzt meinen Befehlen.«

Dr. Netherton: Was sagen die anderen dazu?

Greg: »Endlich hat er einen Auftrag, laßt den Scheißer nur Chef werden, von uns aus kann er den Krieg mit der linken Hand gewinnen.«

Dr. Netherton: Was passiert jetzt?

Greg: Ich möchte auf eine Anhöhe hinauf, um über den Dingen zu stehen. Ich erhebe mich mit stolz geschwellter Brust, ich will sehen, ob alles klar ist. Zwei Schüsse fallen... ich bin getroffen.

Dr. Netherton: Wo?

Greg: Einer in die Brust, der andere in den Magen. Ich spüre einen starken Schmerz. Im Sterben höre ich die Männer um mich herum sprechen.

Dr. Netherton: Was sagen sie?

Greg: Auf Wiedersehen, Scheißer, komm schnell zurück und führ uns wieder einmal an...

Dr. Netherton: Wo sind Sie jetzt?

Greg: Ich schieße in den Himmel hinauf wie eine Kugel! Ich sehe meinen Körper unten, das Schlachtfeld, die Männer marschieren an dem Körper vorbei. Ich bewege mich durch einen dunklen Tunnel, jetzt kommt Licht. Ich sehe Soldaten aufgereiht dastehen. Es sind Männer, mit denen ich in der Schlacht war. Ich flehe sie an.

Dr. Netherton: Was sagen Sie?

Greg: »Laßt mich zurückgehen, bitte, laßt mich zurückgehen, laßt mich zurückgehen.« Sie sagen, ich soll mir Zeit lassen, eine vernünftige Entscheidung treffen, mein Leben überblicken, mir überlegen, was ich tue.

Dr. Netherton: Was antworten Sie?

Greg: »Ich gehe zurück, ihr könnt mich hier nicht halten, ihr seid nicht besser als ich, ich gehe zurück.«

Dr. Netherton: Was sagen die jetzt?

Greg: Einer sagt: »Laßt den Scheißer halt zurückgehen.«

Dr. Netherton: Und jetzt...?

Greg: Ich höre eine Frau.

Dr. Netherton: Was sagt sie?

Greg: »Du Scheißkerl, geh runter von mir, geh schon raus, du tust mir weh...« Ich fühle wieder diesen Stoß. Derselbe Schock. Es ist meine eigene Mutter. Ich bin in diesem Leben. In ihrem Schoß.

Aus dieser und ähnlichen Erzählungen habe ich eine gewisse Vorstellung vom »Leben zwischen den Leben« gewonnen: Viele nennen es das »Leben nach dem Tode«, ich halte jedoch den Ausdruck »Leben außerhalb des Körpers« für treffender, da es, jedenfalls den Berichten meiner Patienten zufolge, nicht »nach dem Tode«, sondern einfach zwischen den Leben stattfindet.

Den meisten Menschen macht vor allem die Vorstellung Schwierigkeiten, daß dieses »Leben« von dem Leben im Körper nicht wesentlich verschieden ist. Gregs Leben war voll von Kriegen und Kämpfen; außerhalb des Körpers traf er auf Kriegshelden und Kampfgefährten. Zwischen den Leben traf er keine besseren Entscheidungen als auf dem Schlachtfeld und »wählte« das nächste Leben – wie andere Patienten auch – entsprechend dem Trauma des vorhergehenden Todes – unfähig, vernünftig zu überlegen, wie unglücklich ihn das machen würde. Für jene, die die Verantwortung für ihre eigenen Probleme scheuen, kann der Zeitraum zwischen den Leben eine äußerst unbequeme Offenbarung sein.

Manchmal taucht die Erfahrung aus der Zeit zwischen den Leben spontan in der Behandlung auf, wie es bei Greg der Fall war. Manchmal möchte jemand aus Neugier dorthin gehen, um spiritistischen Neigungen nachzugeben oder um ganz allgemein das Leben besser zu verstehen. Meist rate ich von derlei Experimenten ab.

Einige meiner Patienten sind echte Okkultgläubige, und es ist gar nicht so leicht für mich, diese Menschen dazu zu bringen, ihre Probleme realistisch anzugehen. Sie würden lieber ins Zwischenreich ausweichen und dort für immer bleiben. Viele wollen auch einfach nicht glauben, daß in diesem Zustand keine höhere Weisheit zu erlangen ist und es keine Möglichkeit gibt, Ereignisse zu beeinflussen.

So kam zum Beispiel eine Frau zu mir und behauptete, ihr Onkel Harry habe sie als Geist besucht und ihr geraten, ihr Haus zu verkaufen. Ich fragte sie, ob ihr Onkel, als er noch lebte, irgendwelche Immobilienkenntnisse besessen hatte, und sie erzählte mir, daß er im Gegenteil mit Immobilien sogar eine ganze Menge Geld verloren hatte. Trotzdem redete sie sich ein, daß dieser »spirituelle Rat« wertvoll sei. Auf Diskussionen über Spiritismus wollte ich mich jedoch nicht einlassen und lehnte die Dame als Patientin ab.

Wenn ich jedoch einen Patienten ermutige, das Zwischenreich zu betreten, um ein Problem, das sich allen anderen therapeutischen Möglichkeiten entzogen hat, auf diese Weise in den Griff zu bekommen, erfahre ich immer wieder das gleiche. Wir verhalten uns außerhalb des Körpers nicht anders als in ihm; unfähig oder unwillig, aus unseren Erfahrungen im Körper zu lernen, warten wir in der »Zwischenzeit« nur, bis wir wieder einen Körper finden, der uns erlaubt, die alten Verhaltensmuster neu zu beleben.

DER REINKARNATION AUF DER SPUR

Obwohl die Reinkarnationstherapie im Grunde nur ein Ziel hat: den Menschen bei der Auseinandersetzung mit der Wirklichkeit ihres Lebens hier und heute zu helfen, stößt man im Rahmen der therapeutischen Arbeit darüber hinaus auf eine Menge interessanter und größtenteils unbeantworteter Fragen. Ich habe der systematischen Erforschung der Reinkarnation, wie gesagt, nicht viel Zeit gewidmet, da es für den Erfolg der Therapie buchstäblich irrelevant ist, ob der einzelne Patient an Reinkarnation glaubt oder nicht. Die Erfahrungen, die ich gemacht habe, und die Situationen, deren Zeuge ich gewesen bin, sind Nebenprodukte einer therapeutischen Methode. Nichts habe ich um des Experimentes willen getan.

Doch die Frage, ob wir früher schon einmal oder mehrmals gelebt haben, beschäftigt mich natürlich genauso wie viele andere Menschen. Ich *spüre* die Echtheit der früheren Leben in den Stimmen meiner Patienten, wenn sie auf meiner Couch liegen und berichten, sowie in ihren bewußten Reaktionen auf das, was ihr Unbewußtes enthüllt. Der nächste Schritt wäre die wissenschaftliche Interpretation der Daten. Aber diesen Schritt muß ich jemand anderem überlassen, der der Erforschung und Analyse jene Kraft und Energie widmet, die ich weiterhin der Behandlung meiner Patienten widmen möchte.

Wiedergeburt –
Stiefkind der Wissenschaft

Die wissenschaftliche Untersuchung der Reinkarnation steckt noch in den Kinderschuhen, obwohl die philosophische Idee der Wiedergeburt schon alt ist. Im allgemeinen verbindet man diese Vorstellung mit östlichen Religionen, aber auch dem westlichen Denken ist sie keineswegs fremd. Der Grieche Pythagoras war Anhänger eines einflußreichen religiösen Kults, der die Lehre von der Reinkarnation vertrat. Die Kabbala, eine Sammlung von jüdischen Geheimlehren, kennt ebenfalls die Vorstellung früherer Leben, und sogar die frühen Christen stritten jahrhundertelang um diese Auffassung. Viele unterstützten den Kirchenlehrer Origenes, der im 3. Jahrhundert n. Chr. versuchte, eine Synthese der christlichen und der griechischen Philosophie herzustellen. Reinkarnation war ein Teil seiner Lehre. Im Jahre 533 n. Chr. jedoch verfügte das Konzil von Konstantinopel, daß Origenes Lehre mit dem christlichen Glauben unvereinbar sei, und die Reinkarnation ging im Westen in den Untergrund.

In der Renaissance tauchte sie wieder auf und seit dem 18. Jahrhundert war es nicht länger gefährlich – wenn auch kaum in Mode – zu glauben, daß wir nicht nur einmal leben. In den folgenden Jahrhunderten gab es immer wieder religiöse Sekten, die Reinkarnation lehrten, wie etwa die Theosophie und in jüngster Zeit die Anhänger der Christian Science. In allen Fällen war Reinkarnation jedoch stets nur eine Frage des Glaubens.

Können wir Reinkarnation überhaupt »beweisen«? Angesichts der im Augenblick verfügbaren Daten muß die Antwort eindeutig »Nein« lauten. Aber im Gegensatz zu den Vorstellungen von Himmel und Hölle scheint das Festmachen früherer Inkarnationen im Bereich des Möglichen zu liegen. Der Himmel entzieht sich per definitionem dem Zutritt der Lebenden. Frühere Existenzen dagegen finden auf Erden statt, an Orten, die gefunden, erforscht und untersucht werden können.

Trotzdem steht die Reinkarnationsforschung vor einer Menge von Problemen. Es ist unmöglich auszumachen, wieviel der einzelne gelesen oder von Angehörigen und Freunden gehört haben mag, wieviel er in Film und Theater gesehen oder sonstwo aufgeschnappt hat über historische Ereignisse oder vergangene Lebensumstände. Ohne potentielle Versuchspersonen von Geburt an von Gesellschaft und Familie zu isolieren – was natürlich undenkbar ist –, scheint es keinen Weg zu geben, da zuverlässige Kontrollen zu entwikkeln. Dennoch experimentieren mehrere Psychologen mit Patienten, die frühere Inkarnationen in alter und neuer Zeit beschreiben, und versuchen anhand historischer Texte, den Wahrheitsgehalt der Beobachtungen ihrer Probanden zu überprüfen. Ihre Ergebnisse können nicht als »Beweis« gewertet werden. Aber die Annahme von Inkarnationen scheint die plausibelste Erklärung für viele dieser Daten zu sein.

Die Reinkarnationsforscher sind meist so vorgegangen, daß sie durch Hypnose in eine frühere Zeit versetzte Versuchspersonen befragt haben. Wenn ich auch Hypnose als therapeutische Methode ablehne, ist sie im Rahmen experimenteller Untersuchungen durchaus ein brauchbares Mittel, das Unbewußte zu erreichen. Aber selbst ohne Hilfe der Hypnose waren manche Forscher, vor allem bei Kindern, erfolgreich und stießen auf noch nicht lang zurückliegende frühere Leben. Wir bewundern zwar oft die »blühende kindliche Phantasie«, doch wenn ein Kind zum Beispiel von einem früheren Leben als

Schuster zu einer anderen Zeit oder an einem anderen Ort erzählt, würden wir annehmen, es habe dergleichen gelesen, gehört oder im Fernsehen gesehen.

In seinem Buch *Reinkarnation. Der Mensch im Wandel
von Tod und Wiedergeburt* berichtet Dr. Ian Stevenson über
seine Reisen in Länder, wo noch allgemein an Reinkarnation geglaubt wird: Indien, Ceylon und der Libanon. Dr.
Stevenson, Professor für Neurologie und Psychiatrie an der
School of Medicine der Universität von Virginia, spürte, daß
die Kinder in diesen Ländern »offener« sind als Kinder im
Westen. Unsere Gesellschaft neigt dazu, »unrealistische«
Kindergespräche nicht zu beachten oder ungeduldig zu un-
terbrechen, und unsere Kinder vergessen rasch.

Stevenson interviewte viele Kinder und kam zu dem
Schluß, daß ihre Erzählungen, Träume und Erinnerungen
nachdrücklich auf Reinkarnation hinwiesen. Sein interes-
santester Fall war wohl Imad Elwar, ein fünfjähriger Ara-
berjunge, der 1964 im Dorf Kornayal im Libanon lebte. Als
der Junge noch keine zwei Jahre alt war, begann er, frühere
Leben zu erwähnen. Seine ersten Worte bezogen sich auf
seine Geliebte in einer früheren Inkarnation. Der Junge, am
21. Dezember 1958 geboren, behauptete, aus dem etwa
fünfundzwanzig Meilen entfernten Dorf Khriby zu stammen. Er sei dort Ibrahim Bouhanzy gewesen, der am 8. September 1944 an Tuberkulose gestorben war.

Der Junge gab Bouhanzys letzte Worte korrekt wieder,
erkannte die überlebenden Mitglieder »seiner« Familie und
sprach immer sehr liebevoll von Jarmile, Ibrahims Gelieb-
ter. Dr. Stevenson reiste mit dem Jungen und seiner jetzigen
Familie in Ibrahims Dorf und erstellte eine Liste von 57 Ge-
genständen, die der Junge aus dem Gedächtnis aufzählte. 51
davon erwiesen sich als richtig, darunter Einzelheiten der
Innenausstattung von Bouhanzys Haus. Dr. Stevenson
konnte außer Reinkarnation keine plausible Erklärung für
diese und ähnliche Situationen finden.

Helen Wambach, eine klinische Psychologin, liefert weiteres Material, mit dessen Hilfe die Hypothese der Reinkarnation gestützt wird. Ihre Methode bestand darin, ganze Gruppen von Versuchspersonen zu hypnotisieren und sie nach Einzelheiten aus früheren Leben in vier bestimmten Epochen zu fragen – 1850, 1700 und 25 n. Chr. sowie 500 v. Chr. Sie nimmt an, daß die meisten Amerikaner festgefügte Vorstellungen – geprägt durch Literatur und Kino – mit zumindest drei dieser Perioden verbinden: dem Wilden Westen um 1850, dem kolonialen Amerika um 1700 und dem Heiligen Land bzw. Rom im Jahre 25. Wenn die Mehrzahl der Leben, an die ihre Versuchspersonen sich erinnerten, an diesen Orten stattfänden, würde das bedeuten, daß die »früheren Leben« wohl doch eher ein Produkt der Phantasie des jetzt und heute lebenden Menschen sind.

Die Ergebnisse ihres Experiments erbrachten jedoch gerade das Gegenteil. In der Zeit um 1850 lebte nur die Hälfte der Versuchspersonen überhaupt in Nordamerika, die meisten davon im Süden oder Osten. Dreiundzwanzig Prozent fanden sich in Europa wieder, die restlichen an den verschiedensten Orten der Erde. Aus der Zeit um 1700 erzählten nur sechzehn Prozent vom Leben in Amerika; einige davon waren damals Indianer. Fast die Hälfte waren Europäer, die anderen lebten in diesem oder jenem Land zwischen dem Nahen Osten und Südamerika. Keiner erinnerte sich an ein Leben im Jahre 25, da er von Christus auch nur gehört hätte, und 500 v. Chr. lebte die Mehrzahl im Nahen Osten und in Asien. »Sollten die Leute ›Geschichten‹ erzählt haben«, schrieb Helen Wambach, »dann waren das sicherlich nicht in unserem Kulturkreis allgemein bekannte Erzählungen, und meine Versuchspersonen müssen alle sehr gelehrt und belesen gewesen sein; daß sie –unabhängig voneinander – es fertigbrachten, mit Leben aufzuwarten, die historisch ›stimmten‹ – oder die Hypnose ist in der Lage, echte Erinnerungen aus der Vergangenheit abzurufen.«

Auch in meinen therapeutischen Sitzungen begegne ich immer wieder unerklärlichen Ereignissen. Ich habe gelernt, sie zu akzeptieren, denn ich glaube, es ist sehr dumm, etwas zu leugnen, nur weil man es (noch?) nicht verstehen kann. In unserem Leben überwiegt das Unbekannte bei weitem das wenige, was wir über uns selbst und unsere Welt wissen. Die außergewöhnlichen Situationen, die ich im folgenden referieren möchte, sollen daher auch als nichts anderes verstanden werden denn als außergewöhnliche Situationen. Sie »beweisen« nichts in dem Sinne, in dem wir irgend etwas »beweisen« können, zum Beispiel daß Holz brennt. Sie geben nur einen Eindruck von der Dimension des Problems, dem wir uns stellen müssen.

Sie sahen Christus sterben

Immer wieder bin ich bei den Erinnerungen an frühere Leben, deren ich Zeuge war, auf das Phänomen gestoßen, daß ein und derselbe Vorfall von verschiedenen Patienten verschieden gesehen wurde. Geradezu mysteriös jedoch scheint mir der folgende Fall zu sein, wo die Patienten, die mir von ihren Erlebnissen berichteten, einander nicht kannten und nicht einmal zur gleichen Zeit in Behandlung waren.

Bei dem Ereignis handelt es sich um die Kreuzigung Christi, doch scheint keiner der fünf »Beteiligten« eine wichtige oder historisch überlieferte Rolle in dem »Drama« gespielt zu haben. Die erste Erinnerung schilderte ein junger Mann im April 1970. Ohne zu wissen, wohin das Ganze führen würde, hatte er angefangen, einen heißen Tag und eine staubige, schmutzige Straße zu beschreiben. Er trug Sandalen und ein Gewand oder einen Umhang.

Ich möchte unbedingt zurückgehen und die anderen treffen. Ich bin seit Tagen unterwegs, um irgend etwas abzugeben, ich weiß nicht was, einen Brief oder eine Botschaft, oder so etwas. Ich spüre, daß ich meinen Auftrag ordentlich erledigt habe und daß »er« sehr stolz auf mich sein wird... jetzt läuft ein Mann auf mich zu, die Straße herunter. Ich erkenne ihn, es ist einer aus der Gruppe. Er winkt mit den Armen, ruft etwas. Sein Gesicht ist rot. »Komm schnell, komm schnell! Sie töten ihn. Wir konnten es nicht verhindern. Beeil dich!« Jetzt renne ich auf ihn zu. Ich kann es nicht glauben. Etwas muß passiert sein, während ich weg war. Sie bringen ihn um!

Wir laufen und laufen. Die Hügel hinauf, über Steine. Dies ist nicht der Weg, es ist eine Abkürzung. Jetzt kann ich sie oben auf dem Hügel sehen. Auf einer Lichtung. Kreuze. Aber nicht drei. Etwa vierzig. Über den Hügel verteilt und eine Seite hinunter. Blut läuft seinen Körper entlang.

Im Laufen rufe ich: »Lieber Gott, nicht jetzt, es ist zu früh, laß ihn nicht sterben. Laß mich zu ihm gehen.«

Ich dränge mich durch die Menge. Viele Menschen sind versammelt, Neugierige. Ich schiebe und stoße mich durch, auf das Kreuz zu. Ein Wachsoldat – ich kann ihn aus den Augenwinkeln sehen, aber er ist zu schnell. Er schleudert... einen Speer nach mir... Schmerz... ich falle... bin weg. Kalt. Ich habe das Bewußtsein verloren.

Als er wieder erwachte, war er ganz allein. Das Kreuz stand noch aufgerichtet da, war aber leer.

Doch ich weiß, was passiert ist. Ich weiß, wo die Höhle ist. Es ist ein Teil des Plans. Ich hätte nicht gedacht, daß wir sie je benutzen müßten... es war nur ein Plan, den wir uns zurechtgelegt hatten. Ich kann nicht glauben, daß es wirklich passiert ist. Ich gehe jetzt zur Höhle... sehe viele bekannte Gesichter. Jemand, ein Mann, ich kann nicht sehen wer, sagt: »Oh, mein Gott, er ist tot. Was machen wir jetzt?« Wir wickeln ihn in weißes Tuch ein. Wickeln seinen Körper. Auch das ist ein Teil des Plans.

Es mag manchem als Gipfel der Einbildung vorkommen, einer von den Jüngern Jesu und im Grab gewesen zu sein, aus dem er angeblich drei Tage nach der Kreuzabnahme auferstand. Die Behandlung des Patienten verlief jedoch erfolgreich, und ich versuchte nicht, der Frage weiter nachzugehen, ob er wirklich Christus am Kreuz gesehen hatte.

Ich hatte den Vorfall tatsächlich so gut wie vergessen, als

drei Jahre später ein zweiter Patient mit ähnlichen Rückerinnerungen aufwartete. Die Geschichte, die er erzählte, ver-
anlaßte mich, in meinen Akten nach Notizen über den gerade geschilderten Fall zu suchen. Die beiden Patienten
stammten aus verschiedenen Gesellschaftsschichten, hatten
nie voneinander gehört, und keiner war mit religiösem Ge-
dankengut besonders vertraut. Trotzdem berichtete der
zweite Patient folgende Szene:

> Ich sehe Leute in ihrem Todesschmerz. Ich muß ein Kind
> sein, vielleicht zwölf oder dreizehn, und meine Mutter
> steht neben mir, sie versucht, meine Aufmerksamkeit ab-
> zulenken, mich wegzubringen. Aber ich bin von diesem
> Schauspiel fasziniert: Männer an Kreuzen. Viele, an
> Kreuze genagelt und vornüber hängend. Ich frage sie:
> »Was sind das für Männer?« Sie sagt: »Ich weiß nicht, du
> solltest das nicht sehen. Komm weg hier.« Aber ich rühre
> mich nicht von der Stelle. Sie zieht mich, aber sie ist auch
> irgendwie gefesselt. Jetzt legt jemand seine Hand auf
> mein Gesicht, stößt mich weg... er schiebt sich an mir
> vorbei, ein Mann, viel größer als ich. Er schreit – »O
> Gott, nicht jetzt, tötet ihn jetzt nicht!« – und reißt mich zu
> Boden. Er rennt auf eines der Kreuze zu. Eine der Wa-
> chen macht einen raschen Schritt, schlägt ihm mit einem
> Speer über den Kopf. Meine Mutter schreit: »Jetzt fangen
> sie an zu kämpfen, nur weg hier.« Das ist zuviel... ich
> weiß nicht, warum ihn jemand schlagen sollte oder warum
> die anderen hängen. Mutter aber zieht mich weg. Sie hat
> auch recht – es ist alles sehr beängstigend...

Dieser Patient hatte keine Ahnung, daß es sich um die Kreuzigung Christi handelte. Wegen der vierzig Kreuze statt der
drei, die angeblich dort standen, brachte er selbst die Szene
nie mit Jesus oder Christentum in Verbindung. Ich hätte das
auch nicht getan, wenn da nicht dieser andere Mann gewesen wäre, der mit dem Speer zu Boden geschlagen wurde.

Acht Monate später arbeitete ich mit einer Patientin, die darunter litt, ständig vor Männern davonlaufen zu müssen. Sie schilderte eine Kreuzigungsszene und berichtete, daß sie sich in der Menge versteckte, die gaffend um die Kreuze herumstand. Mehrere Männer verfolgten sie. Sie brachte die Szene nicht mit Jesus in Verbindung und hatte nicht das Gefühl, irgend etwas mit den ersten Christen zu tun zu haben. Es hätte irgendeine Massenexekution sein können.

Ich schaue zu, denke: »Wie schrecklich, der Tod dieses Mannes ist für mich eine Entschuldigung, hier in der Menge zu stehen. Ich weiß nichts von ihm – was er getan hat, wer er ist –, ich benutze ihn nur.« Jetzt höre ich, wie jemand sagt: »Seht den Irren an.« Es gibt eine Bewegung; ich drehe mich um. Es könnten die Männer sein, die mich verfolgen, aber sie sind es nicht. Ein Mann bahnt sich seinen Weg durch die Menge vor einem anderen Kreuz. Er schreit etwas, aber ich kann die Worte nicht hören – es ist auf der anderen Seite. Bei den anderen Kreuzen. Eine Wache hat ihn getroffen. Er blutet am Kopf, liegt am Boden. Ich glaube, er ist tot. Ich möchte ihm helfen, habe aber Angst. Warum will ich ihm helfen? Ein Mann wie andere Männer auch. Ich schlüpfe aus der Menge. Ich renne wieder. Renne ins Land hinaus.

Obwohl diese Beschreibung weniger ins Detail geht, sind die Parallelen zu den beiden ersten Erzählungen deutlich. Aus irgendeinem Grund scheint der Mann, der von der Wache niedergeschlagen wurde, einen tiefen Eindruck auf eine ganze Reihe von Leuten gemacht zu haben, die sich an die Kreuzigung erinnern – viel lebhafter als an den Mann Jesus, den sie gar nicht wahrnahmen.

Ein ganzes Jahr ging vorüber, bis ich wieder auf etwas traf, was zu dem Bericht meines ersten Patienten von Christi Tod paßte, und dieser vierte Patient oder besser Patientin, beschrieb vor allem die Ereignisse nach der Kreuzabnahme.

Ich bin in einer kleinen, feuchten Höhle, Es gibt nur wenig Licht. Ich versuche zu sehen, was in der Mitte passiert. Eine Gruppe von Menschen ist versammelt. Ich weiß nicht, ob ich von zu Hause weggelaufen bin... ich bin neun Jahre alt, und ich kenne hier niemanden, weiß nicht, was geschieht. Sie sind zu sehr beschäftigt, um mich zu bemerken. Ich lasse mich auf alle viere hinab und krieche vor, zwischen ihren Leibern hindurch... der Geruch ist schrecklich. Aber sie lassen mich durch... O Gott, da liegt ein Toter. Sie haben sich um einen Toten versammelt. Mein... ich habe das Gefühl, mein Herz bleibt stehen. Ich weiß nicht, was ich tun soll. Ich höre einen der Männer sagen: »Mein Gott, er ist tot. Was machen wir jetzt?« Alles was ich nun will, ist rauskommen. Ich krieche zum Eingang... Da steht ein Mann, er ist reingetreten, sieht halb betäubt aus. Er hat eine Schnittwunde über dem Auge, eine Schwellung und einen glasigen Blick. Sein Kopf ist zerhauen. Ich laufe weg... ich fliehe in den Wald. Es kommt mir vor, als wäre ich an einem Totenort gewesen. Ein Ort, wo mich der Tod erreichen könnte.

Der Satz »Er ist tot – was machen wir jetzt?« steht natürlich nicht in der Bibel, aber es scheinen die einzigen Worte zu sein, die dort vielleicht tatsächlich gesprochen wurden. Ich begegnete dieser Patientin fünf Jahre, nachdem ich den Mann behandelt hatte, der damals auf den Kopf geschlagen worden war. Ich fand keine andere logische Erklärung für dieses Zusammentreffen als die, daß jene Ereignisse sich wirklich so abgespielt hatten, wie meine Patienten sie rückerinnerten.

Dieses Gefühl wurde noch verstärkt durch meine Begegnung mit einem Patienten der Staatlichen Irrenanstalt. Ein Kollege hatte mich gebeten, den Mann einmal anzuschauen. Er litt unter akuten religiösen Wahnvorstellungen und der

Tendenz zur Selbstverstümmelung. Ich wußte nichts von diesem Menschen und konnte mich kaum mit ihm verständigen. Aber während der viereinhalb Stunden unseres Gesprächs tauchte die folgende Szene auf:

Ich liege in einem Menschenhaufen. Als ob wir dorthin geworfen worden wären... auf einen Stapel. Aber ich bin nicht tot, o nein. Die Sache ist bloß, ich kann mich nicht bewegen. Ich kann mich nicht bewegen, und ich habe Schmerzen – meine Hände sind von den Nägeln zerrissen. Sie haben uns von den Kreuzen heruntergeworfen. Auf einen Haufen. Keiner kann sich bewegen. Ich glaube, die meisten sind tot. Ich nicht. Zwei Männer schauen auf uns herunter. Der erste sagt: »Welcher ist der Jude?«, und der zweite antwortet: »Der ist weg, schon längst. Sie haben ihn fortgeschafft.« Der erste wieder: »Auch gut, einer weniger, den wir erledigen müssen. Man würde meinen, daß sie mit all den Schmerzen und dem Bluten schneller sterben.« Der zweite lacht. »Am Ende durchstoßen wir sie immer mit dem Schwert, um sicher zu sein, daß sie auch wirklich tot sind. Hast du den umgebracht, den du mit dem Speer getroffen hast?« Der erste: »Nein, er ist nur ohnmächtig geworden. Aber inzwischen dürfte er tot sein.« Der zweite: »Na, ein verdammter Narr. Möchte wissen, was der sich vorgestellt hat? Irgendein Fanatiker, vermutlich.«

Jetzt drehen sie uns um, einen nach dem anderen. Ich glaube, alle sind tot. Ich spüre eine Hand auf der Schulter. Ich kann nichts sehen. Ich fühle einen schwarzen Schatten über mir. Jetzt ein Stoß in die Brust. Ich spüre, daß mich irgend etwas durchbohrt – bis in den Boden darunter. Jetzt bin ich weg. Ich bin nicht mehr da.

Mit diesem Mann waren es also fünf Leute, die das Ereignis auf die eine oder andere Weise erinnerten. Mit Christus selbst hatten diese Erinnerungen wenig zu tun – drei von den fünfen wußten nicht einmal, daß sie Zeugen der Kreuzigung Jesu waren, ein vierter erwähnte den »Juden« nur nebenbei. Nur einer hatte tatsächlich etwas mit Christus zu tun, und er ist derjenige, den alle anderen bemerkt zu haben scheinen.

Obwohl dieser Fall, soweit ich weiß, einzig dasteht mit seinen bis ins Detail übereinstimmenden Beschreibungen, stellt er nur eine von mehreren historischen Vorfällen dar, über die mir verschiedene Leute mit zum Teil unerklärlichen Übereinstimmungen berichtet haben.

Die Seele kennt keine Grenzen

Wenn mir Fälle vorgetragen werden, die Tatsachen enthalten, die nachgeprüft werden *können*, versuche ich, das Material zu verifizieren, auch wenn Forschung nicht meine Hauptaufgabe ist. Ich erwarte nicht, daß meine Patienten sich an Einzelheiten und Statistiken erinnern, aber manchmal kommen unabsichtlich Daten, Orte oder andere Informationen zutage, denen man weiter nachgehen kann.

So schilderte zum Beispiel eine Patientin ihre Kindheit in einem Erholungsort am Meer. Sie hatte das Gefühl, daß ihre Mutter, die nicht verheiratet war, irgendwie »krank, einsam, sehr isoliert« gewesen sei. Die Patientin erinnerte sich, wie sie fast jeden Tag den Strand entlang an einem großen, weißen Haus vorbeigetragen wurde. Auch hörte sie folgende Unterhaltung zwischen ihrer Mutter und einer Frau am Strand:

Mutter: Wohnen Sie in Jarrett House?

Die Frau: Ja, es ist so schön hier.

Mutter: Es ist ein hübscher Strand.

Frau: Wir überlegen, ob wir nicht nach North Carolina ziehen sollen, um uns zur Ruhe zu setzen, aber wir wissen noch nicht wohin.

Mutter: Es ist nicht viel los hier in Nag's Head.

Frau: Das wohl nicht, aber wenigstens gibt es Jarrett House mit seinem guten Essen.

Mir waren schon ähnliche Gespräche berichtet worden, aber keines nahm so direkt Bezug auf einen bestimmten Ort wie dieses. Die Patientin, die das ganze Gespräch über auf den Armen ihrer Mutter blieb, konnte nicht feststellen, ob die Mutter in Jarrett House arbeitete oder zu der Familie gehörte, die es besaß, aber sie erinnerte sich ganz deutlich an ein großes, weißes Vorkriegshaus, dessen rückwärtige Tür direkt zum Strand führte. Sie erinnerte sich genau an eine breite Veranda, auf der mehrere Schaukelstühle standen und die wuchtige Doppeltüren aus schwerem Holz besaß. Zu diesem Zeitpunkt war sie, wie sie sagte, »etwa zwei Monate alt«. Im Alter von drei Monaten ließ ihre Mutter sie einmal draußen liegen, sie bekam einen Bronchialkatarrh und starb.

Als wir diese Sitzung durcharbeiteten, behauptete die Patientin, in diesem Leben noch nie von Nag's Head in North Carolina gehört zu haben und bestimmt nicht von Jarrett House.

Ein Telefongespräch mit der Handelskammer in Nag's Head ergab, daß dieser Kurort tatsächlich existierte und das Haus fast ein Jahrhundert lang am Strand vor der Stadt gestanden hatte. Das große, weiße Haus mit der breiten Veranda sei vor allem für sein gutes Essen berühmt gewesen. Soweit wir herausfinden konnten, hatte niemand von Rang und Namen je dort Ferien gemacht, es war daher unwahrscheinlich, daß die Patientin irgendwo davon gelesen bzw. in Film oder Fernsehen etwas darüber gesehen hatte. Es war eine bequeme Erholungsstätte, wie sie die Ostküste der USA von Virginia bis Florida zu Hunderten aufweist. Dennoch war meine Patientin in der Lage, das Haus genau zu beschreiben, sich an seinen Namen zu erinnern und sogar ein Bruchstück einer Unterhaltung zu erinnern, das sich auf die gute Küche bezog.

Nur selten beschreiben Patienten ein ganzes Leben von der

Geburt bis zum Tod. Meist erfahre ich lediglich die Höhepunkte eines Traumas, Ausschnitte voller Schmerz und Unglück. Aber eine Patientin, die 1936 geboren wurde, hatte offensichtlich ein Leben geführt, das so voller Furcht und Schrecken war, daß sie es buchstäblich von der Geburt an verfolgen konnte. Sie kam, so erzählte sie, in jenem Leben als uneheliche Tochter einer damals ziemlich bekannten New Yorker Schauspielerin zur Welt. An den Namen der Frau konnte sie sich jedoch nicht erinnern, vielleicht weil sie sie nie sah. Gleich nach ihrer Geburt 1903 nahm ein älteres verheiratetes Paar das Kind zu sich und adoptierte es, inoffiziell. Bis 1916 lebte sie in Pennsylvania – da wurden ihre Zieheltern bei einem Autounfall getötet, und sie stand allein da.

Sie nahm den Faden ihres Lebens in den frühen zwanziger Jahren wieder auf, als sie einen Mann namens McCullum heiratete und zurück nach New York zog, ihrer Geburtsstadt. Sie hatten ein kleines Kleidergeschäft in der Nähe der Siebten Straße im Herzen Manhattans erworben. Mit harter Arbeit und Sparsamkeit brachten die beiden das Geschäft hoch. Dann geschah die Katastrophe.

Es ist 1928, im Winter. Ich weiß nicht, wie ich hierher gekommen bin... aber er ist tot – Keith ist tot. Zwei Ärzte im Krankenhaus sprechen mit mir. Es ist so plötzlich passiert. Die Kälte, die Arbeit. Er ist krank geworden... eine Erkältung. Dann wurde er immer kränker. Ich höre »Lungenentzündung«, das ist das Wort. Sie sagen es ein paarmal. Es war nichts mehr zu machen. Lungenentzündung. Er hat so schwer gearbeitet. Heutzutage kennt das keiner mehr, so schwere Arbeit... wir haben beide so geschuftet.

Von diesem Moment an jagte ein Unglück das andere. Im Frühjahr 1929 erkrankte ihr Sohn an Kinderlähmung und

starb. Im Oktober desselben Jahres brach die Börse zusammen, und die lange Wirtschaftskrise begann. Das Kleidergeschäft weiterzuführen war praktisch unmöglich, aber sie
wußte nicht, was sie sonst tun sollte. Über drei Jahre hielt sie
durch, aber im Sommer 1933 stand sie vor dem Bankrott.

> Ich bin im Zuschneideraum. Ich habe ihn wegen der Git-
> ter ausgesucht. Es sind starke Gitter, an die wir jahrelang
> die Kleider gehängt haben. Ich glaube, sie werden mich
> tragen. Das Datum steht deutlich vor meinen Augen. 11.
> Juni 1933. Ein sonniger Tag. Ein paar von diesen großen
> schwarzen Ventilatoren hängen an der Decke. Wir haben
> sie abgestellt – oder das Elektrizitätswerk. Es ist mir
> gleichgültig. Ich habe einen Strick...

Nach dem Bericht meiner Patientin erhängte sich Rita
McCullum im Zuschneideraum ihres Geschäftes am 11. Juni
1933, mitten in Manhattan, in der Nähe der Siebten Straße.

Weil die einschlägigen Daten greifbar waren, fragten wir
bei der New Yorker Stadtverwaltung nach. Wir lieferten ihnen die Details, die wir hatten, und baten darum, einen solchen Todesfall zu verifizieren. Mit der Post erhielten wir
eine notariell beglaubigte Fotokopie des Totenscheins für
eine Frau namens Rita McCullum, der bestätigte, daß sie
durch Erhängen gestorben war; die Adresse war irgendwo
in den dreißiger Straßen im Westen, bis heute ein Zentrum
der Bekleidungsindustrie. Das Todesdatum war tatsächlich
der 11. Juni 1933, das Alter mit 30 Jahren angegeben. Das
Geburtsjahr der Rita McCullum war also 1903 – wie es die
Patientin angegeben hatte.

Mehr als den Tod dieser Frau zu verifizieren, habe ich
nicht versucht, aber allein diese Übereinstimmung mit der
Geschichte der Patientin ist wohl schon recht bemerkenswert. Der »Fall Rita McCullum« scheint mir ein gutes Beispiel zu sein für meine eingangs aufgestellte Behauptung,

daß es Fälle gibt, bei denen Reinkarnation einfach die logischste Erklärung ist.

Ein Patient, der im ländlichen Tennessee geboren und aufgewachsen war und jetzt in Los Angeles lebt, beschrieb die Fahrt auf einem Segelschiff von Southampton, England, aus. Nie zuvor hatte er eine so weite Reise unternommen. Als ich ihn fragte, wie er denn jetzt dazu komme, erklärte er, er sei Krankenwärter und reise mit einem an den Rollstuhl gefesselten Schriftsteller. Fasziniert von dem luxuriösen Ozeandampfer, stellte er der Mannschaft eine Menge Fragen und erfuhr so unter anderem, daß dieses in Wales gebaute Schiff eines der ersten Schiffe war, das über Segel *und* Maschinen verfügte. Damit war die Zeit festgelegt: Anfang des 19. Jahrhunderts (Fultons erstes Handelsdampfschiff machte seine Jungfernfahrt 1807). Das Schiff war das SMS »Republic« und segelt unter britischer Flagge.

Als es sich dem amerikanischen Kontinent näherte, kam starker Wind auf, der rasch zum Orkan wurde...

Ich spüre die Panik im Steuerraum, obwohl ich nicht dort bin. Ich sitze in einer Kabine, aber das Stampfen des Schiffes ist schrecklich. Ich klammere mich am Bett fest, versuche, meinen Patienten im Bett zu halten, ohne selbst die Nerven zu verlieren. Jetzt höre ich es. Ein gräßliches, kreischendes Geräusch, wie das Schreien eines Tieres – Metall trifft auf Fels. Sofort weiß ich, daß wir sinken. Ich weiß nicht, was ich tun soll – dem Mann im Bett helfen oder davonlaufen. Und im selben Moment ist mir klar, daß das keinen Unterschied macht. Von diesem Schiff komme ich nicht mehr runter.

Der Patient beschrieb dann eine wilde Jagd durch die weißen Korridore im Bauch des Schiffes, die Schreie der anderen Passagiere, als überall um ihn herum Alarm geschlagen wurde, und schließlich das hereinströmende Wasser.

Ich glaube, wir sind jetzt unter Wasser. Es hat mich noch nicht erreicht, aber ich höre es. Über mir, von allen Seiten... ein schreckliches Schlingern – ich werde umgeworfen, und wir sinken, als das Wasser hereinströmt. Ich dachte, wir wären ganz unten, aber es geht noch weiter runter... Ich muß mir etwas gebrochen haben. Ich kann mich überhaupt nicht bewegen. Das Wasser ist über mir. Die Stille... unter Wasser ist ein Augenblick Stille... Jetzt bin ich tot. Wir sinken noch immer. Tiefer und tiefer. Ich spüre, daß ein paar Leute davongekommen sind. Ich weiß nicht, wie.

Nachforschungen in Aufzeichnungen über Schiffskatastrophen zeigten, daß die »Republic« am 9. Februar 1913 vor Cape Hatteras bei hoher See gesunken war, auf der Fahrt von Southampton, England, nach Amerika. Wunderbarerweise überlebten 112 Menschen den Untergang; 238 kamen ums Leben. Die »Republic« stellte tatsächlich eine Kombination aus Segel- und Motorschiff dar, und sie war in Wales gebaut worden. Der Patient schien überzeugt, daß das Schiff zweimal oder besser in zwei Etappen gesunken war. Ich überlegte, warum er an dieser seltsamen Vorstellung festhielt, und versuchte zunächst ohne Ergebnis die psychologische Bedeutung seiner fixen Idee zu ergründen. Wie sich jedoch herausstellte, gab es eine völlig natürliche Erklärung dafür. Nach einer Beschreibung dieses Schiffsuntergangs lief das Schiff auf ein Felsenriff und blieb dort zunächst stecken. Aber die starke Strömung schleuderte es vom Riff zurück auf das offene Meer, wo es noch einige dreißig Faden tiefer absank, bis es auf dem Grund des Ozeans vor North Carolina liegenblieb.

In diesem Leben hatte der Patient nichts mit der See zu tun. Das Schiffsunglück paßte zu seiner Art von Verhaltensstörungen (er befand sich ständig in »hoffnungslosen« Situationen), doch die Schilderung dieses Ereignisses unterschied sich bis in Einzelheiten deutlich von den anderen Leben, die der Mann beschrieb.

Abilene in Texas war im Jahre 1900 eine kleine Stadt. Trotzdem rühmte es sich eines Theaters, »Palace« genannt, von dem einer meiner Patienten behauptete, daß es ihm gehört hatte. Seiner Erinnerung nach gingen die Einnahmen des Theaters plötzlich zurück, und 1900 war er gezwungen, es seinen Gläubigern zu überschreiben. Als er sein Leben weiter schilderte, kamen mir Zweifel, daß der Niedergang des Showgeschäfts im allgemeinen für die Aufgabe des Theaters verantwortlich war. Der Patient, dessen Name damals, wie er behauptete, James Turner lautete, war ein Spieler gewesen, dessen aufwendiges Leben zum Ruin seines Theaterunternehmens geführt hatte. Nach dem Verlust des »Palace« wurde er Berufsspieler.

Ich habe einen Mann aufgegabelt. Er schuldet mir viel Geld. Er ist auch ein Spieler. Wir haben ehrlich gespielt — meist Karten —, und es würde mir finanziell recht gut gehen, wenn er zahlte. Ich möchte das Theater zurückkaufen. Einige Zeit ist vergangen, und er hat seine Schulden nicht beglichen. Ich weiß jetzt Bescheid. Er wird es mir nie zurückzahlen. Es kann kalt werden in Texas, selbst in der Gegend von Abilene... Ich habe das nie gekannt, aber ich sitze in einem... es ist eine Art Kneipe. Draußen ist alles grau, und ich habe mich eingewickelt in einen... einen Mantel aus Rindsleder. Es ist Leder, aber mit Pelz besetzt. Alle hier kennen mich. Ich warte auf ihn. Er kommt zur Tür herein. Es ist keine Schwingtür wie in Filmen... Hier gibt es Glastüren — ich kann ihn verschwommen durch das Glas sehen. Ich will aufstehen. Er kommt herein... Jetzt ist es zu spät. Er hat einen Revolver in der Hand statt des Geldes. Ich bin verwirrt. Ich kann den Rauch aus der Mündung aufsteigen sehen... ich

bin nicht sicher, daß ich etwas gehört habe. Auf dem Boden. Ich liege auf dem Boden. Ich habe den Stuhl umge-
rissen. Ich spüre, wie sich meine Muskeln bewegen,
aber... ich bin nicht mehr da. Ich weiß auch das Datum. 9.
März 1906. Ich starb. Er hat mir das Geld nicht gegeben.
Ich wußte es. Ich wußte es.

Es war nicht möglich, den Tod von James Turner, ehemali-
ger Theaterbesitzer, nachzuweisen. Die Handelskammer
von Abilene bestätigte, daß das »Palace« die Hauptattrak-
tion der Stadt um 1900 war. Das Theater blieb als Denkmal
noch lange erhalten, auch nachdem nicht mehr in ihm gespielt wurde. Erst um 1920 riß man es ab, und eine Reihe
von neuen Bauten zerstörte das Bild des einst malerischen
Abilene im »Wilden Westen«. Über den Eigentümer war
nichts zu erfahren, außer daß ein Gerücht umlief, er sei in
einem Duell wegen Spielschulden umgekommen. Sein
Name war nicht mehr auszumachen.

Wir versuchten dann beim zuständigen Standesamt einen
Totenschein auf den Namen James Turner zu erhalten.
Aber leider gab es damals in diesem Distrikt keine systema-
tische Registrierung der Todesfälle. Durch einen glückli-
chen Zufall entdeckten wir schließlich, daß man im Zuge des
Baubooms, dem das »Palace« in den zwanziger Jahren zum
Opfer gefallen war, auch einen ganzen Friedhof in Abilene
verlegt hatte, und der Staat mußte die Namen all derer fest-
halten, die damals verlegt worden waren. Auf diesem Friedhof in Abilene war ein Mann namens James Turner begraben, geboren 1866, gestorben 1906.

Bis jetzt ist es nicht möglich gewesen, ihn mit dem »Palace« in Verbindung zu bringen oder das genaue Datum
bzw. die genaue Ursache seines Todes herauszufinden.
Sollte das noch möglich sein und sollte sich die Erinnerung
des Patienten an das damalige Geschehen als korrekt erwei-
sen, hätten wir es wirklich mit einem außerordentlich be-

denkenswerten Fall zu tun. Es ist höchst unwahrscheinlich, daß der Mann einfach so auf Tatsachen gestoßen ist, die den Historikern, die über die lokale Geschichte dieser Gegend arbeiten, entgangen sind.

. . . .
. . . .

Die neun Monate im »Wartezimmer«
des Lebens

Die Berichte meiner Patienten über ihre pränatale Zeit und
ihre Geburt füllen ganze Aktenordner. Da aber auch Eltern
und nahe Verwandte gern über jene Monate sprechen, ist
nie auszuschließen, daß man das eine oder andere auf diesem Weg erfahren hat, ohne sich der Quelle seiner Kenntnisse bewußt zu sein. In den folgenden Fallbeispielen jedoch
ist die Möglichkeit dieser Informationsvermittlung zumindest stark eingeschränkt.

Das Kind, das zweimal geboren wurde

Ich arbeitete mit einem jungen Mädchen, das mir einen
ziemlich eingehenden Bericht ihrer pränatalen Geschichte
gegeben hatte, um dann plötzlich eine Entbindung zu schildern, die nicht »paßte«. Sie beschrieb sich als einen Jungen.
Einen Augenblick lang dachte ich, daß sie die Geburt eines
früheren Lebens wiedererlebte, aber ein Blick auf ihre
Krankengeschichte zeigte, daß sie den Namen des Arztes
und des Krankenhauses, wo sie in dieses Leben geboren
wurde, genannt hatte. Trotzdem bestand sie darauf, ein
Knabe gewesen zu sein.

Als sie aus dem Geburtskanal auftauchte, hörte sie den
Arzt sagen: »Die Luftröhre ist nicht voll entwickelt. Viel-
leicht verlieren wir ihn.« Sie empfand starke Schmerzen und
Krampfgefühle um die Kehle und war nicht in der Lage,

richtig zu atmen. Dann, so erinnerte sie sich, bekam sie – noch im Krankenhaus – Fieber und starb drei Tage später. Obwohl dies offensichtlich nicht der Eintritt in ihr gegenwärtiges Leben war, verband sie weiterhin diese Geburt mit einer pränatalen Phase im Schoß ihrer jetzigen Mutter. Ihre gesamte pränatale Erinnerung schien »richtig«. Wir arbeiteten die Geburtsszene durch, bis jegliche Bindung an das Trauma gelöst war, aber keiner von uns beiden konnte begreifen, wann das alles stattgefunden haben sollte.

Wie der Zufall es wollte, war die Patientin noch zu jung, um selbst Auto fahren zu dürfen, und ihre Mutter brachte sie daher zu jeder Sitzung. Am Ende dieser Sitzung bat ich die Mutter herein, in der Hoffnung, daß sie vielleicht Licht in diese mysteriöse Angelegenheit bringen könnte. Ich hielt es für möglich, daß sie Zeugin einer solchen Entbindung gewesen war oder daß sie während der Schwangerschaft ein Buch oder einen Film, in dem eine solche Szene vorkam, tief beeindruckt hatte. Natürlich alles nur höchst vage Vermutungen, aber ich wußte einfach nicht, was ich von der Sache halten sollte. Ich referierte kurz die wichtigsten Punkte der Geschichte ihrer Tochter: Junge, nicht voll entwickelte Luftröhre, hohes Fieber und Tod nach drei Tagen. Da brach die Mutter der Patientin in Tränen aus. Nach ein paar Augenblicken erlangte sie ihre Fassung wieder und erzählte mir folgendes:

Kurz bevor sie die Tochter empfing, die meine Patientin war, hatte sie einen Jungen – genau unter den geschilderten Umständen – verloren. Der Knabe war mit einem verletzten Atmungsorgan geboren worden und gestorben. Die Mutter gab zu, daß sie nach dem Tod ständig gebetet hatte, ihr Sohn möge zurückkommen, und daß sie mehrere Wochen lang in einem entsetzlichen Zustand war. Weil ihr klar wurde, daß sie Gefahr lief, den Rest ihres Lebens in dieser Depression zu versinken, entschloß sie sich zu einer neuen Schwangerschaft, da sie hoffte, die Verantwortung für ein neues Kind würde sie zwingen, aus ihrem »Schneckenhaus herauszu-kommen«. Während der ganzen Schwangerschaft war sie natürlich von der Angst besessen, das Unglück könnte sich wiederholen. Ständig dachte sie an den Verlauf der ersten Schwangerschaft und durchlebte die Entbindungszene in Gedanken immer wieder. Entschlossen, das Kind nicht mit dem alten Kummer zu belasten, unter dem sie selbst litt, hatte sie sich gelobt, ihm nie von dem unglücklichen kurzen Leben des Brüderchens zu er zählen.

Als meine Patientin von dieser Szene gelöst war, konnte sie ihre eigene pränatale Zeit in Zusammenhang mit ihrer Geburt in dieses Leben darstellen, die in demselben Kran-kenhaus und unter Obhut desselben Arztes stattgefunden hatte.

Wenn auch möglich ist, daß die Mutter ihrer Tochter doch von dem ersten kranken Kind erzählt hatte oder daß die Tochter gehört hat, wie sie im Gespräch mit anderen davon berichtete, erscheint es unwahrscheinlich, daß sie genug mitbekommen hat, um daraus eine ganze pränatale Phase und alle Einzelheiten der Geburt mit solcher Genauigkeit zusammenzusetzen. Sie war in der Lage, sowohl Gespräche, die während der ersten, wie auch solche, die während der zweiten Schwangerschaft stattfanden, wiederzugeben, und die Unterhaltungen, die wir nachprüften, erwiesen sich als zum Teil wortgetreu zitiert.

Die Entbindung in einem ausländischen Krankenhaus

Einer meiner Patienten erinnerte sich an eine Geburtsszene voller Unruhe und Panik, bei der seine Mutter stark unter der Einwirkung von Medikamenten stand. Er hörte eine männliche Stimme mit einem nicht identifizierbaren frem-den Akzent sagen: »Drücken Sie, Mrs. Welles, drücken Sie, Mrs. Welles. Fester, Mrs. Welles.« Die Worte schienen die eines Arztes zu einer Frau in Wehen zu sein, aber die Mutter des Patienten hieß nicht Welles, und er konnte sich nicht vorstellen, wer »Mrs. Welles« sein sollte. Er war völlig verwirrt, während er sich durch den Geburtskanal zwängte, und sorgte sich um seine Mutter, die nicht »da« zu sein schien (infolge der Wirkung der Drogen), ja, die nicht einmal richtig identifiziert wurde.

Wie der Patient den Vorfall schilderte, war der Zusammenhang mit den Problemen, die ihn zu mir geführt hatten, sehr deutlich. Er klagte über verschiedene Symptome und meinte immer wieder daß er aller seiner Sorgen ledig sein würde, wenn er nur seinen Namen ändern könnte. Er wäre dann »ein anderer Mensch«. Ich machte ihn darauf aufmerksam, daß sein Name nichts mit seiner persönlichen Identität zu tun habe, aber obwohl er das rational einsah, konnte er sich nicht von dem Gefühl befreien, ein Namenswechsel würde die Lösung all seiner Probleme bedeuten.

Nach einer Sitzung wie der oben beschriebenen könnte manch ein Therapeut zu dem Schluß kommen, der Patient hätte symbolisch den Wunsch ausgedrückt, das Kind von jemand anderem zu sein und damit selbst jemand anderes – mit einem anderen Namen. Ich war jedoch überzeugt, daß er tatsächlich bei der Geburt seine Identität verloren hat, das heißt »vertauscht« worden ist.

Auf meine Bitte hin brachte er zur nächsten Sitzung seine Mutter mit. Ich bat sie, die Geburt des Patienten zu schildern, und ihr Bericht bestätigte meine Vermutung. Der Patient wurde in Japan geboren, wo sein Vater stationiert gewesen war. Der Vater war nicht zu Hause, als die Wehen einsetzten. Bei der Einweisung ins Krankenhaus gab es eine Menge Schwierigkeiten, weil die Mutter nicht Japanisch sprach, andererseits kaum jemand im Krankenhaus Englisch verstand. Die Entbindungsstation erwies sich als total überfüllt, und so legte man sie in die Chirurgie. Es war schon spät in der Nacht, und der für die Station zuständige Arzt hatte getrunken. Die Mutter geriet in Panik. Sie konnte sehen, daß die Zustände in dem Krankenhaus alles andere als vorbildlich waren und daß sie machtlos war, etwas dagegen zu tun. Sie fand sich mit der Situation ab, war aber so unruhig und nervös, daß man ihr sofort irgendwelche Medikamente gab.

Im Kreißsaal nahm der Arzt ihre Karte in die Hand und las einfach den ersten Namen, den er sah: Welles. Er nahm an, seine Patientin hieße Welles, und nannte sie auch während der ganzen Geburt so. Zwei amerikanische Schwestern, die dem Arzt halfen, wußten um den Irrtum, denn »Mrs. Welles« war überhaupt keine Patientin. Es war die Schwester, die die letzte Eintragung auf der Karte gemacht hatte. Da die Schwestern wohl glaubten, daß es nur zu noch größerer Verwirrung führen würde, wenn sie den Arzt korrigierten, schwiegen sie während der Geburt.

Als die Entbindung glücklich vorüber war, verließ der Arzt das Zimmer. Die Mutter erinnerte sich, daß sie eine der Schwestern zur anderen sagen hörte: »Wart bloß ab, bis die Welles merkt, daß sie gerade ein Kind zur Welt gebracht hat. Der arme Mann hat alle Namen verwechselt, was? Immerhin hat die Welles etwa einen Monat lang die Dreckarbeit für ihn gemacht; man möchte meinen, er kennt sie.«

Die Mutter erinnerte sich nicht, diese Geschichte je ihrem Sohn erzählt zu haben, und war höchst erstaunt, daß er sich daran erinnerte. Sie war auch nie darauf gekommen, seinen Wunsch, den Namen zu wechseln, mit diesem bemerkenswerten Zwischenfall bei seiner Geburt in Verbindung zu bringen. Der Patient und ich hatten sein Verlangen, den Namen zu ändern, vor dieser Sitzung schon oft besprochen, ohne daß der diesen Vorfall je erwähnt hätte. Ich nehme daher an, daß er auch nie davon gehört hat. Nachdem er die Geburtsszene durchgearbeitet hatte, war von Namensänderung nicht mehr die Rede.

Herztöne eines Neugeborenen

Einer meiner Patienten, der sich an seinen Weg durch den Geburtskanal erinnerte, beschrieb dabei ein »Flattern« in der Brust, das ihn beunruhigte und ihm klarmachte, daß da plötzlich etwas »Anderes, Angsterregendes« mit ihm vorging. Er fühlte sich schwindlig und konnte kaum den Arzt und die Schwester hören, die von seinem Zustand nichts wußten und seiner Mutter nach Kräften beistanden.

Als er schließlich auftauchte, hörte er den Arzt sagen: »Sein Herz rast. Er hat zu schnelle Herztöne, wir müssen etwas tun, um den Herzschlag zu verlangsamen.« Der Patient spürte, wie er ein paar Augenblicke lang von einer Hand zur anderen wanderte und dann in ein Laken gewikkelt wurde, das man an beiden Enden hielt, so daß er frei hin- und herschwingen konnte. Er beschrieb, wie man ihn rasch im Kreis herumschwenkte. Er konnte nicht sagen, ob zwei Leute oder nur einer das Tuch hielten, aber er hörte beruhigende Worte oder Laute, während er in dem Laken hin- und herflog. Zuerst empfand er ein Gefühl der Panik bei dieser Behandlung, aber die »Erregung in der Brust« ließ fast sofort nach, und sein Herzschlag ging wieder normal. Nach kurzer Zeit nahm ihn der Arzt aus dem Laken und hielt ihn hoch. Der Patient erinnerte sich, wie der Arzt sagte: »Jetzt läuft alles normal. So.«

Weder der Patient noch ich hatten je von dieser Methode gehört, den Herzschlag eines Neugeborenen zu regulieren. Der mittlerweile längst pensionierte Arzt lebte noch in einer kleinen Stadt im nördlichen Kalifornien. Er war einundneunzig Jahre alt, erinnerte sich aber nicht nur, daß er diese Behandlungsmethode stets bei Neugeborenen mit beschleunigtem Herzschlag angewendet hatte, sondern auch an die Geburt meines Patienten. Der Arzt hatte nämlich zuvor dieselbe Frau von einem toten Kind entbunden, die vor der zweiten Entbindung – der Geburt meines Patienten –

verständlicherweise große Angst hatte. Sie war während der
Schwangerschaft oft bei dem Arzt gewesen, und als das Kind
mit zu raschen Herztönen geboren wurde, kam es fast zu einer Panik. Als der Herzschlag des Kindes sich wieder normalisiert hatte, verbrachte der Arzt lange Zeit damit, der
Mutter zu versichern, daß das Baby jetzt ganz gesund sei.

Der Arzt erinnerte sich in allen Einzelheiten daran, wunderte sich aber sehr, daß die Geburtsszene dem Patienten so
deutlich im Gedächtnis geblieben war. Wie die von ihm angewandte Behandlungsmethode eigentlich funktionierte,
konnte er auch nicht genau erklären; er wußte nur, daß sie
bei beschleunigtem Herzschlag »üblich« war und in allen
von ihm praktizierten Fällen gewirkt hatte.

Der Wachtraum eines adoptierten Kindes

Einem (fast) »todsicheren« Beweis für pränatales Gedächtnis bin ich in einem Fall begegnet, der einen Kollegen von
mir und seine vierjährige Adoptivtochter betraf, ein »Fall«,
der sich ganz zufällig ergab.

Als ich eines Tages in ihrem Haus zu Gast war, hörten wir
plötzlich die Tochter im Schlaf reden, wobei sie sich in Satzbau und Wortwahl wie eine Erwachsene ausdrückte. Wir
gingen in ihr Zimmer, um nach ihr zu schauen, und fanden
sie mit geschlossenen Augen und sorgenvoller Miene daliegen. Sie sagte: »Laßt mich in Ruhe, geht weg. Ich will darüber nicht reden. Ich werde kein Wort darüber sagen. Laßt
mich allein.« Diese Sätze wiederholte sie in verschiedenen
Variationen etwa eine halbe Minute lang. Mit Erlaubnis des
Vaters begann ich, das Mädchen zu befragen.

»Wo bist du? Bist du noch im Bauch deiner Mutti?« fragte
ich.

»Ja«, antwortete sie deutlich.

»Wer spricht da?«

»Mutti. Sie redet mit *ihrer* Mutti.«

» Was sagen sie?«

»›Laß mich in Ruhe‹ . . .sie sprechen. . . sie benutzen das Wort ›Sex‹. Sie sagt ›Sex‹.«

» Was noch?«

»›Laß mich in Ruhe. Ich will darüber nicht mehr sprechen. Laß mich in Ruhe.‹«

Da wachte das kleine Mädchen auf, schaute sich im Zimmer um und sagte, sie hätte einen Traum gehabt, könnte sich aber nicht genau daran erinnern. Ihre Mutter hielt sie ein paar Minuten im Arm, dann bekam sie einen Saft und fiel wieder in friedlichen Schlaf.

Ich erfuhr, daß dieses Kind gleich bei der Geburt zur Adoption freigegeben worden war. Weil die Adoptiveltern an der pränatalen und Geburtsgeschichte des Kindes interessiert waren, hatten sie lange, intensive Gespräche mit der Frau geführt, die die Mutter des kleinen Mädchens während ihrer Schwangerschaft betreut und beraten hatte. Diese Frau erklärte, daß vor allem von seiten der Eltern starker Druck auf die Mutter ausgeübt worden sei, auf das Kind zu verzichten. Sie nörgelten ständig an ihr herum, hielten ihr vor, daß eine ledige Mutter ein Kind unmöglich mit Erfolg aufziehen könnte, daß es ein Verbrechen sei, vor der Ehe schwanger zu werden, und eine schreckliche Belastung für das Kind. Der Adoptionsberaterin zufolge berichtete die werdende Mutter von verschiedenen heftigen Streitereien mit ihrer Mutter gegen Ende der Schwangerschaft. Sie gipfelten darin, daß die junge Frau ihrer Mutter sagte, sie würde »so tun, als ob du nicht da bist, bis du aufhörst, darüber zu reden«. Ein andermal hatte sie sich bei der Adoptionsberaterin beschwert, daß »sie mich nie in Ruhe lassen. Von jetzt an werde ich sie einfach ignorieren. Sie können nicht streiten, wenn ich nicht antworte.«

Der Wachtraum des kleinen Mädchens schien ein Rückerinnern dieser pränatalen Ereignisse zu sein. Weil das Kind kurz nach der Geburt adoptiert wurde, ist es unmöglich, daß sie durch ihre Mutter oder die Großeltern von diesen Auseinandersetzungen erfahren hatte – sie kannte sie ja gar nicht. Sehr wahrscheinlich könnte die Befragung dieses Mädchens weitere Aufschlüsse über das pränatale Gedächtnis geben – aber da sie keine Verhaltensstörungen hat, werde ich mich hüten, eventuell schlafende Hunde zu wecken.

Die hier geschilderten Vorfälle erscheinen mir außergewöhnlich und weiterer Untersuchungen von aufgeschlossenen Naturwissenschaftlern, Medizinern, Philosophen und anderen Fachleuten wert. Was sie bedeuten, weiß ich nicht. Für den Therapeuten ist das Rückerinnern von früheren Leben nur eine Technik, die dem Patienten helfen soll, bestimmte Probleme zu bewältigen und Verhaltensstörungen zu beseitigen, doch ich glaube, daß die Bedeutung der wiedererlebten Ereignisse weitaus größer sein könnte und hier daher noch ein großes Forschungsgebiet brachliegt.

Leben nach Wahl?

Nach den Vorträgen, die ich in den vergangenen Jahren über Reinkarnationstherapie gehalten habe, mußte ich stets eine Menge Fragen aus dem Publikum beantworten. Jene Fragen, die sich auf Technik und Methode der Therapie bezogen, habe ich größtenteils bereits auf den vorangegangenen Seiten dieses Buches beantwortet. Immer wieder werde ich aber auch nach dem »tieferen« Sinn und Wert der Therapie gefragt, nach den »Gefühlen«, die mit ihr verbunden, und den Ergebnissen, die von ihr zu erwarten sind. Im folgenden will ich nun versuchen, die am häufigsten gestellten Fragen zu beantworten.

1. Haben Sie Patienten, die sich an überhaupt kein früheres Leben erinnern können?

Ja, allerdings nur sehr wenige. Wenn ein Patient behauptet, jenseits seiner pränatalen Zeit »nichts« zu sehen oder zu hören, erinnert er meist ein Ereignis, bei dem er blind, geblendet, taub oder sonstwie unfähig war, auf normale Art und Weise wahrzunehmen. In solchen Fällen frage ich daher zunächst: »Was geschieht mit Ihren Augen (oder Ohren)?« Oft durchbricht das die Sperre: Der Patient berichtet, daß ihm die Augen verbunden wurden oder man ihn geblendet hat, und ist dann häufig in der Lage, sich an weitere Einzelheiten des Vorfalls zu erinnern.

Ich habe allerdings auch einige Patienten, denen es noch nie gelungen ist, auch nur ein früheres Leben abzurufen. Ich bin jedoch überzeugt, daß dies von Widerständen im Unbewußten herrührt und nichts mit »Unfähigkeit« des Betreffenden zu tun hat. Wenn ein Patient nach einiger Anstrengung endlich doch ein Ereignis erinnert, dann enthalten die Sätze, die er wiedergibt, häufig Verbote oder Schweigebefehle – »Wir sollten das nicht tun«, »Was auch immer du tust, erzähl das keiner Menschenseele«, oder manchmal: »Erzähl keinem Arzt davon, die wissen nicht, wovon sie reden.«

Im Fall einer Patientin, deren Therapie eigentlich nie richtig anfing, weil sie keine früheren Ereignisse erinnern konnte, entdeckte ich, daß sich ihre Mutter während der Schwangerschaft einer religiösen Sekte zugewandt hatte, die allen Schmerz und jedes Gefühl leugnete, das einen von Gott wegführen könnte. Diese pränatale Erfahrung war, dessen bin ich sicher, für die völlige Unzugänglichkeit ihres Unbewußten verantwortlich.

2. Welche Gefühle hat der Patient, wenn er ins Unbewußte »gleitet«?

Das ist bei jedem Patienten anders. Manchen kommt es so vor, als wären sie bei vollem Bewußtsein, sie sprechen kaum langsamer und ändern auch ihre Redeweise nicht. Bei anderen wieder wird die Stimme deutlich tiefer, die Worte bilden sich in stockender, fast traumhafter Weise. Einige Patienten glauben am Anfang, daß sie vieles von dem, was sie mir sagen, »erfinden«, aber sie merken schnell, daß sie die Ereignisse aus ihren früheren Leben nicht »ändern« können und die persönlichsten und schmerzhaftesten Aspekte der Vorfälle entdecken müssen, die sie für Einbildung hielten. Das überzeugt die Zweifler am schnellsten. Sie sagen einfach das erste, was ihnen in den Sinn kommt, einfach um mich zufriedenzustellen. Aber in dem Moment, da sie mit einem persönlichen Schmerz konfrontiert sind, ändern sie ihre skeptische Einstellung zur Therapie meist sehr rasch.

Es ist recht einfach, das Unbewußte ohne Hypnose zu erreichen. Ich mache keinerlei Entspannungsübungen mit meinen Patienten oder Autogenes Training, um den Körper und die Augenlider »schwer« werden zu lassen. Mit Trance hat eine reinkarnationstherapeutische Sitzung nichts zu tun. Am Anfang hat der Patient vielleicht einige Schwierigkeiten, die unbewußten Erinnerungen »in Gang« zu bringen, aber diese Schwierigkeiten sind meist überwunden, sobald er sieht, daß die Therapie funktioniert. Wenn erst einmal ein Vertrauensverhältnis zwischen dem Patienten und seinem eigenen Unbewußten geschaffen ist, dann wird das Zurückgehen in die Vergangenheit eine ganz einfache Sache.

3. Arbeiten Sie auch traumatische Ereignisse aus diesem Leben durch?

Die ganze Zeit. Jedes Trauma dieses Lebens ist irgendwie mit einem Aspekt früherer Leben oder der pränatalen Zeit verbunden. Selbst wenn das Trauma dem Patienten völlig neu ist, wird es sein Unbewußtes an ähnliche Ereignisse in der Vergangenheit »erinnern«. Das Trauma muß überall gelöscht werden, in der Vergangenheit, in der pränatalen Phase *und im gegenwärtigen Leben*, wo es häufig in allen Lebensaltern – Kleinkinderzeit, Kindheit, Erwachsenendasein – wiederkehrt.

4. Wenn ein Patient Ereignisse aus der pränatalen Zeit rückerinnert, kann es dann nicht sein, daß dieses neue Wissen über seine Eltern die Beziehung zu ihnen stört?

Der Patient weiß bereits vor der Behandlung unbewußt alles über seine Eltern. Dieses »Wissen« ist ja oft der eigentliche Grund seiner Probleme und bestimmt sein Verhalten gegenüber den Eltern. Feindseligkeit, die keine Ursache zu haben scheint, ist lediglich äußeres Zeichen eines unbewußten Ärgers über das frühere Verhalten der Eltern. Wenn die Tatsachen dann klarliegen, versteht der Patient fast immer die Gründe und die Logik der Reaktionen seiner Eltern –

zum ersten Mal aus ihrer Sicht. Ein Patient, der eine wirklich gute Beziehung zu seinen Eltern beschreibt, wird auch im Laufe seiner Behandlung auf nichts stoßen, das dieses Band zerstört. Wenn in der pränatalen Zeit etwas lauerte, würde er es bereits fühlen und schon ein gestörtes Verhältnis zu ihnen haben, ohne vielleicht zu wissen, warum.

Normalerweise haben die Menschen, die zu mir in die Praxis kommen, eine Menge Probleme mit ihren Eltern, und wenn wir während der Sitzungen auf pränatale Szenen stoßen, die auf ein aggressives, feindseliges Verhalten gegen das ungeborene Kind hinweisen, entwickeln die Patienten oft zum ersten Mal Verständnis für ihre Eltern, können zum ersten Mal deren Standpunkt irgendwie begreifen. Viele Patienten stellten sogar fest, daß sich ihr Verhältnis zu den Eltern gebessert hat, obwohl das gar nicht das eigentliche Ziel der Behandlung war.

5. Wie viele Menschen gehören in früheren Leben zum anderen Geschlecht?

Ich habe über diesen Punkt keine Statistik geführt, aber die meisten meiner Patienten erinnerten sich an mindestens ein Leben als Angehörige des anderen Geschlechts. Helen Wambach berichtet, daß achtzig Prozent ihrer Versuchspersonen beiderlei Geschlechts sich an wenigstens ein solches Leben erinnerten.

6. Wie groß ist die Wahrscheinlichkeit, daß man tatsächlich jemandem aus einem früheren Leben begegnet?

Die große Zahl der Menschen, die andere aus früheren Inkarnationen zu kennen scheinen, läßt sich nicht einfach mit Zufall erklären. Helen Wambach schreibt, daß fünfundachtzig Prozent ihrer Versuchspersonen behaupten, jemanden aus einem früheren Leben zu kennen. Beweisen lassen sich diese Angaben kaum. Manche glauben, daß der Zeitraum zwischen den Leben irgendwie dazu dient, Menschen wieder zusammenzubringen. Meine Erfahrung stützt dies in zwei Fällen, die ich in diesem Buch beschrieben habe: bei Carl und Abigail Gordon (s. S. 103 ff.) und dem »zweimal geborenen« Kind (s. S. 215 ff.). Trotzdem muß betont werden, daß in der Behandlung allein das Verhaltensmuster wichtig ist. Wir wollen wissen, was die Rolle »Vater« oder »Ehemann« für jemanden bedeutet, und nicht, ob der Mann, der im Augenblick diese Stellung innehat, mit einem aus der Vergangenheit identisch ist.

7. Haben manche Menschen auch Leben als Tiere beschrieben?

Ja. Wenn ich jemanden nach der frühesten Ursache für ein bestimmtes Problem frage, beschreibt er fast immer die Verletzung oder den Tod eines Tieres. Die Ablösung des Patienten von einem Erlebnis als Tier erfolgt nach genau der gleichen Wiederholungsmethode, die ich auch bei menschlichen traumatischen Erfahrungen anwende.

· Die Tatsache, daß meine Patienten tierische Leben als die früheste Existenzebene beschreiben, die sie durchlaufen haben, wirft ein interessantes Licht auf die Frage der Evolution. Ich habe nie gehört, daß jemand von einem menschlichen zurück zu einem tierischen gegangen wäre. Die Leben werden selten in chronologischer Reihenfolge, sondern vielmehr nach traumatischen Ähnlichkeiten beschrieben. Wenn wir die Leben jedoch »ordnen«, stellen wir stets fest, daß das tierische Leben *vor* dem ersten menschlichen lag.

8. Steht diese Art Fortschritt nicht in direktem Widerspruch zur Karmalehre?

Doch. Karma, so wie es zum Beispiel Hinduismus und Buddhismus verstehen, schließt ein System göttlichen Richtens ein. Jeder Mensch wird aufgrund aller Taten in seinem Leben beurteilt, und sein nächster Körperzustand ist entweder eine Strafe oder eine Belohnung. Nach diesem Glauben kann ein schlechter Mensch als bösartiges Tier wiedererscheinen, und ein demütiger Priester mag mit einem »vollkommenen« nächsten Leben belohnt werden. Nach diesen religiösen Glaubenssätzen richtet sich fast eine Milliarde Menschen, und ich möchte mich dazu weder in der einen noch in der anderen Weise äußern. Nach allem, was ich den Hunderten von Lebensläufen entnommen habe, die man mir in den letzten Jahren erzählt hat, bin ich jedoch überzeugt, daß wir unsere Leben selber wählen und daher auch die Verantwortung für uns und unser Verhalten übernehmen müssen.

9. *Was verstehen Sie unter »die Verantwortung für sein Leben übernehmen«?*

Verantwortung ist keine Schuld, Tadel, Schande oder Strafe. Sie bedeutet einfach das Wissen darum, daß man selbst die Ursache seines Lebens ist. Man selbst wählt es, nicht die Eltern oder irgendein Schöpfer. Jeder ist, in gewisser Weise, über Jahrhunderte hinweg dieselbe Person gewesen. Man muß erfahren, wer diese Person, wer man selbst ist, um mit sich ins reine zu kommen. Dann kann man verantwortlich handeln, die eigenen Stärken und Schwächen erkennen und die persönlichen Möglichkeiten voll ausschöpfen.

10. *Stellen Ihre Patienten jemals eine Verbesserung in Lebensbereichen fest, an denen sie nicht eigens arbeiten?*

Ja. Da ein traumatisches Ereignis, das den Tod herbeiführt, häufig nicht nur einen Teil des Körpers zerstört, kann die Ablösung von diesem Ereignis leicht zu verschiedenartigen physischen Besserungen führen. Ein Patient mit akuten Migränekopfschmerzen entdeckte in früheren Leben mehrere Tode durch Folter, darunter auch, aber nicht ausschließlich, Kopfverletzungen. Als er sich von diesen Vorfällen löste, fühlte er voller Staunen auch eine enorme Besserung seiner Arthritis, die er nie mit den Rückerinnerungen in Verbindung gebracht hatte. Eigentlich kein Wunder, denn die Folterszenen, die er reaktivierte, hatten auch Schmerzen an den Gelenken eingeschlossen – Strecken der Finger und dergleichen –, was in seinem jetzigen Leben zu Arthritis führen sollte.

Das ist kein ungewöhnlicher Fall. Ich habe erlebt, daß schütteres Haar wieder gewachsen ist, das Sehvermögen sich verbessert hat, und bei einer Frau, die wegen sexueller Probleme zu mir gekommen war, hat sich nach erfolgreicher Therapie sogar die Brust noch weiter entwickelt. Diese physischen Manifestationen einer seelischen Gesundung waren stets nichtangestrebte Nebenwirkungen.

11. Wie werden Beziehungen zu anderen Menschen durch die Reinkarnationstherapie beeinflußt?

Die Patienten haben nach einer Behandlung oft den Eindruck, daß sich die Welt um sie herum, ihre Bekannten, Freunde und Mitarbeiter positiv verändert haben. Das ist natürlich größtenteils eine subjektive Reaktion infolge ihrer eigenen inneren »Veränderung«. Es mag aber auch darauf zurückzuführen sein, daß der Betreffende nach erfolgreicher Therapie lockerer, gelöster und somit sympathischer auf andere wirkt, die ihm daraufhin auch anders, freundlicher und aufgeschlossener, begegnen als vorher. Jede erfolgreiche Therapie kann mit ähnlichen Ergebnissen aufwarten, da aber bei der Reinkarnationstherapie die Besserung oft sehr rasch eintritt, können die Reaktionen der anderen manchmal geradezu dramatisch erscheinen.

12. Das Interesse am kulturellen Erbe ist wieder stark erwacht. Viele Leute haben angefangen, Ahnenforschung zu betreiben. Wie läßt sich das Konzept des »Wählens« eines neuen Lebens mit Vorstellungen wie Familienerbe vereinbaren?

Nicht völlig. Die *physischen* Eigenschaften eines Neugeborenen werden durch die Gene der Eltern festgelegt. Das Unbewußte jedoch ist meiner Meinung nach nicht genetisch bestimmt. Viele Reinkarnationsforscher halten das Phänomen der Erinnerung an frühere Leben für einen Teil des genetischen Gedächtnisses. Sie behaupten, daß die Ereignisse, die die Menschen aus der Vergangenheit abrufen, ihnen vererbt wurden, genauso wie ihre Haarfarbe und die Form ihrer Nase.

Wäre dies der Fall, würden die Leute die Leben ihrer Vorfahren rückerinnern. Die Erfahrungen meiner Patienten stützen diese Theorie aber in keiner Weise. Ihre Rückerinnerungen umfassen meist das gesamte Spektrum menschlicher Existenz. Weiße erinnern sich, schwarz gewesen zu sein, Amerikaner mexikanischer Abstammung erinnern sich, im Zweiten Weltkrieg als britische Soldaten gekämpft zu haben usw. Außerdem erinnern sich manche Patienten an frühere Existenzen, die zu Lebzeiten ihrer Eltern stattfanden und daher unmöglich in den elterlichen Genen gespeichert sein konnten.

Aufgrund des Materials, das ich im Laufe meiner langjährigen Arbeit als Reinkarnationstherapeut gesammelt habe, mußte ich einfach zu dem Schluß kommen, daß unser »zweites Erbe«, das Unbewußte, unser Leben nachhaltiger und tiefgreifender prägt als jedes genetische Erbe.

Ein alter, sehr verehrter Freund sagte einmal zu mir: Wenn du ein Samenkorn in der Hand hast und wissen willst, was in ihm steckt, hast du zwei Möglichkeiten, es herauszubekommen – du kannst es in einem Laboratorium untersuchen; dann erhältst du sicher Resultate, doch du wirst den Samen dabei zerstören. Du kannst es aber auch säen und beim Wachsen beobachten. Das wird länger dauern, dir jedoch mehr über die Natur des Samens sagen.

Ich hoffe, mit diesem Buch nur den Samen zu säen, damit andere das Ergebnis wachsen sehen. Mediziner und Psychotherapeuten sind eingeladen, meine Methode zu erproben. Ich hoffe, sie werden sie nicht von vornherein ablehnen, nur weil Wiedergeburt dabei im Spiele ist. Sie werden merken, daß sie bei der Reinkarnationstherapie die Rolle des Heilers aufgeben müssen, denn die Veränderungen, die in ihren Patienten vorgehen, sind in erster Linie deren eigenes Verdienst.

Die Reinkarnationstherapie erlaubt uns, bisher unbekannte Gebiete des Unbewußten auf eine neue Art zu erkunden. Aber ihr Ziel ist das Ziel einer jeden Therapie: dem Patienten zu helfen, sein Welt- und Selbstverständnis zu finden und zu stabilisieren sowie Angst und Depressionen durchzuarbeiten, die aus den Bereichen des Unbewußten kommen.

Vom westlichen Menschen ist nicht zu erwarten, daß er die Idee der Reinkarnation ohne Vorbehalte akzeptiert, dazu sind wir zu pragmatisch, zu praktisch, zu skeptisch veranlagt bzw. erzogen. Für das Unmeßbare gibt es in unserer Gesellschaft wenig Verwendung.

Weil ich glaube, daß ein Therapeut keine Techniken, keine therapeutischen Methoden verwenden sollte, die ohne Bezug zu seinem eigenen Leben sind, möchte ich zum Schluß sagen, daß ich mich bemühe, mein Leben auf eine Weise zu leben, die mit den Grundideen dieses Buches in Einklang steht. Es freut mich, jedem und allen, die fragen, bestätigen zu können: Es funktioniert.

Dank

Danken möchte ich Jack Viertel für seinen ganz besonderen Beitrag zu dieser Arbeit; Jill Landesfeld, früherer Mitherausgeberin von *Human Behavior*, für ihre Unterstützung bei der Reinkarnationsforschung; Jack Lent für seine wegweisenden Denkanstöße und David Bean für seine treue Freundschaft in schweren Zeiten.

NANCY SHIFFRIN

Literaturverzeichnis

Adler, Gerhard, *Wiedergeboren nach dem Tode? Die Idee der Reinkarnation*, Frankf. a. M. 1977.

Banerjee, H. N./Oursler, W., *Lives Unlimited*, New York 1974.

Benz, Ernst, u. a., Sonderheft »Reinkarnation« der *Zeitschrift für Religions- und Geistesgeschichte*, 9. Jg., Nr. 2, 1957.

Bernstein, Morey, *Protokoll einer Wiedergeburt. Der Fall Bridey Murphy*, Bern und München 1973.

Bertholet, Edouard, *Réincarnation*, Paris 1949 und Lausanne 1968.

Bloxham, D. Arnall, *Who Was Ann Ockenden?*, London 1958.

Bock, Emil, *Wiederholte Erdenleben. Die Wiederverkörperungsidee in der deutschen Geistesgeschichte*, Stuttgart 1952.

Bose, J. Chandra. *Your Last Life and Your Next*, Kalkutta 1959.

Brazzini, Pasquale. *Dopo la morte si rinasce?*, Mailand 1952.

Brugger, Walter, S. J.. »Wiederverkörperung«, in: *Stimmen der Zeit*, Juli 1948.

Bubner, Rudolf, *Evolution, Reinkarnation, Christentum*, Stuttgart 1975.

Cerminara, Gina, *Erregende Zeugnisse von Karma und Wiedergeburt*, Freiburg i. Brsg. o. J.
–, *Many Lives, Many Loves*, New York 1963.
–, *Die Welt der Seele. Der Sinn des Lebens – Karma und Wiedergeburt*, Freiburg i. Brsg. 1967.

Chari, C. T. K., »Paramnesia and Reincarnation«, in: *Proceedings of the Society for Psychical Research*, Bd. 53, 1962.

Clemen, Carl, *Das Leben nach dem Tode im Glauben der Menschheit*, Leipzig 1920.

Cohen, Daniel, *The Mysteries of Reincarnation*, New York 1975.

Delacour, Jean-Baptiste, *Vom ewigen Leben. Berichte und Thesen über die Wiedergeburt des Menschen*, Düsseldorf 1974.

Delanne, Gabriel, *Documents pour servir à l'étude de la réincarnation*, Paris 1924.

Dessoir, Max, *Vom Jenseits der Seele*, Stuttgart 1931.

Ducasse, Curt J., »How the Case of ›The Search for Bridey Murphy‹ Stands Today«, in *Journal of the American Society for Psychical Research*, Bd. 54, Januar 1960.

–, *A Critical Examination of the Belief in a Life After Death*, Springfield, Ill., 1961.

–, »What Would Constitute Conclusive Evidence of Survival After Death?«, in: *Journal of the Society for Psychical Research*, Bd. 41, 1962.

Eddy, Sherwood, *You Will Survive After Death*, New York 1950.

Eliade, Mircea, *Das Mysterium der Wiedergeburt*, Zürich und Stuttgart 1961.

–, *Unsterblichkeit und Wiedergeburt*, Wiesbaden 1962.

Fodor, Nandor, *The Search for the Beloved. A Clinical Investigation of the Trauma of Birth and Pre-natal Conditioning*, New York 1949.

Ford, Arthur, *Bericht vom Leben nach dem Tode*, Bern und München 1972.

Frei, Gebhard, »Reinkarnation und katholischer Glaube«, in: *Schweizer Rundschau*, Juni 1947.

Grant, Joan/Kelsey, Denys, *Wiedergeburt und Heilung*, Tübingen 1975.

Hartley, Christine, *A Case for Reincarnation*, London 1972.

Head, Joseph/Cranston, S.L. (Hrsg.), *Reincarnation. An East-West Anthology*, New York 1961.

Hulme, A.J.H./Wood, Frederic, *Ancient Egypt Speaks*, London 1937.

Humphreys, Christmas, *Karma und Wiedergeburt*, München 1974.

Keyserling, Hermann Graf, *Wiedergeburt*, Darmstadt 1927.

Kline, Milton V. (Hrsg.), *A Scientific Report on »The Search for Bridey Murphy«*, New York 1956.

Macaluso, G., *La rincarnazione verità antica e moderna*, Rom 1968.

McTaggert, John, *Human Immortality and Pre-existence*, London 1916.

Martin, Eva, *The Ring of Return. An Anthology of References to Reincarnation and Spiritual Evolution*, London 1927.

Mattiesen, E., *Der jenseitige Mensch*, Berlin 1925.

–, *Das persönliche Überleben des Todes*, Bd. 1-3, Neudr. Berlin 1962.

Moody, Raymond A., *Leben nach dem Tod*, Reinbek 1977.

–, *Nachgedanken über das Leben nach dem Tod*, Reinbek 1978.

Müller, Karl E., *Reincarnation Based on Facts*, London 1970.

Myers, Frederic, *Human Personality and Its Survival of Bodily Death*, London 1903.

Neidhart, Georg, *Werden wir wiedergeboren?*, München 1963.

Nielsen, Alfred, *Reinkarnation*, Kopenhagen 1946.

Noeggerath, Rufina, *Das Fortleben. Beweise, Kundgebungen, Philosophie*, Leipzig 1904.

Pryse, James M., *Reincarnation in the New Testament*, New York 1900.

Rochas, Albert de, *Die aufeinanderfolgenden Leben*, Leipzig 1914.

Schmidt, K. O., *Wir leben nicht nur einmal*, München, 1969.

Shiffrin, Nancy, »Past Lives, Present Problems«, in: *Human Behavior Magazine*, Jg. 6, Nr. 9, September 1977.

Shirley, Ralph, *The Problem of Rebirth*, London 1924.

Steiner, Rudolf, *Reinkarnation und Karma*, Stuttgart 1961.

Stettner, W., *Die Seelenwanderung bei Griechen und Römern*, Stuttgart 1934.

Stevenson, Ian, »Review of ›A Scientific Report on The Search of Bridey Murphy‹ by M. V. Kline«, in: *Journal of the American Society for Psychical Research*, Bd. 31, Januar 1957.

–, *Reinkarnation. Der Mensch im Wandel von Tod und Wiedergeburt. 20 wissenschaftlich bewiesene Fälle*, Freiburg i. Brsg. 1976.

Story, Francis, *The Case for Rebirth*, Colombo, Ceylon, 1959.

Sudhakar, M. A. (Hrsg.), *A Case of Reincarnation (Shanti Devi)*, Lahore 1936.

Walker, E. D., *Reincarnation*, New York 1916.

Walther, Gerda, »Shanti Devi und andere Fälle angeblicher Rück-erinnerung an frühere Inkarnationen«, in: *Neue Wissenschaft*, 6. Jg., Nr. 7, 1956.

–, »Reinkarnation und Parapsychologie«, in *Zeitschrift für Religions- und Geistesgeschichte*, 9. Jg., Nr. 2, 1957.

Wambach, Helen, »Past Life Recall«, in *Psychic Magazine* (jetzt: *New Realities Magazine*), Jg. 7, Nr. 5, November/Dezember 1976.

–, »Life Before Life«, in: *Psychic Magazine* (jetzt: *New Realities Magazine*), Jg. 7, Nr. 7, Januar/Februar 1977.

Wickland, Charles A., *Thirty Years Among the Dead*, Los Angeles 1924.